Tartuffli

Alte Kartoffelsorten neu entdeckt

LV·Buch Wir lieben das Landleben.

Tartuffli

Alte Kartoffelsorten neu entdeckt

Heidi Lorey

Inhalt

Kartoffellied

Pasteten hin, Pasteten her
Was kümmern uns Pasteten?
Die Kumme hier ist auch nicht leer,
und schmeckt so gut, als bonne chere
von Fröschen und von Kröten.

Und viele Pasteten und Leckerbrot
verdirbt nur Blut und Magen.
Die Köche kochen lauter Not,
Sie kochen uns viel eher tot,
Ihr Herren laßt Euch sagen!

Schön rötlich die Kartoffeln sind
und weiß wie Alabaster.
Sie däun sich lieblich und geschwind
und sind für Mann und Frau und Kind
ein wahres Magenpflaster.

MATTHIAS CLAUDIUS (1740–1815)

Einleitung

Kartoffeln spielen eine große Rolle in unserer Ernährung. Wie selbstverständlich kaufen wir im Supermarkt unsere fest kochende oder vorwiegend fest kochende Sorte und sind enttäuscht, wenn sie sich nach der Zubereitung in matschige Pommes frites oder klebriges Püree verwandeln. Aber eine gute Kartoffel, mit Bedacht zubereitet, ist eine der delikatesten Speisen. Sie gehört endgültig in die Tellermitte gerückt und nicht als Sättigungsbeilage an den Rand. Ihr Image als Dickmacher hat die Kartoffel abgelegt. Allein an Kochrezepten könnte man ihr mehrere Buchbände widmen. Aber ein reines Kochbuch möchte ich nicht präsentieren.

Wenn nicht mehr, möchte Ihnen dieses Buch die Augen für die spannende Geschichte eines faszinierenden Gemüses öffnen. In Deutschland wurden in den vergangenen 400 Jahren Hunderte verschiedener Kartoffelsorten auf den Feldern gepflanzt. Sorten kommen und gehen. Laut deutscher Kartoffel-Sortenliste hätten wir die Wahl zwischen über 180 Sorten! Leider dominieren wenige Sorten den Markt. Die guten alten Sorten wie „Ackersegen“, „Bona„ oder „Flava“ sind gar ganz verschwunden. Denn was nicht in der amtlichen EG-Sortenliste aufgeführt ist, darf laut Saatgutverkehrsgesetz bzw. Sortenschutzgesetz nicht in den Verkehr gebracht werden. Somit sind vom Züchter nicht mehr vermehrte Sorten zum Aussterben verurteilt. Sie finden höchstens noch einen Platz in der Genbank, wo sie in In-vitro-Langzeitlagerung archiviert werden. In diesem Punkte teilt die Kartoffel ihr Schicksal mit alten Obstsorten und anderem Gemüse. Seit den 80er Jahren setzen sich verschiedene Vereine wie der Verein zur Erhaltung der Nutzpflanzenvielfalt (VEN) für die Erhaltung alter Sorten ein und drängen auf eine Änderung der gesetzlichen Regelungen im Saatguthandel und in der Sortenzulassung. Sie bringen die alten Sorten zurück in unsere Gärten. Jeder kann sich durch den Anbau alter Sorten im Hausgarten beteiligen. Auch bei der Kartoffel stehen alte Sorten zum Tausch oder Kauf bereit und Sie werden über die Farben-, Formen- und Geschmacksvielfalt der Knollen staunen! Die Kartoffel ist gerade mit der Tomate auf dem Weg, zur „Kultpflanze“ zu werden. Auf Liebhabertreffen wird gefachsimpelt und getauscht. Jede Sorte hat ihre Geschichte und gerade mit der Kartoffel als einem unserer wichtigsten Grundnahrungsmittel erhalten wir Agrar-, Sozial-, Literatur- und Kunstgeschichte lebendig.

Botanik

1 Stängel mit Blättern und Blüten; **2** halbierte Blüte, der aus den Beuteln fallende Blütenstaub fällt auf die Narbe; **3** Früchte; **4** Früchte im Schnitt

Sprossaufbau, Blüten und Knollen

Die Kartoffel, botanisch Solanum tuberosum subspecies tuberosum L., gehört wie Tomate, Paprika, Aubergine und Tabak zur Familie der Nachtschattengewächse (Solanaceae).

Legen wir im Frühjahr eine Kartoffelknolle in die Erde, so entstehen blasse junge Keime, die ergrünen, sobald sie die Erdoberfläche durchbrochen haben. Die sich daraus entwickelnden kantigen, krautigen Stängel tragen rauhaarige, unpaarig gefiederte Blätter. Die Blüte mit dem grünen fünfzipfeligen Kelch trägt meist weiße, rosa oder hellblaue Kronblätter, die miteinander zu einem Kelch verwachsen sind. Darin befinden sich fünf Staubblätter und ein Blütengriffel. Die Blüten liefern keinen Nektar und nur wenig Blütenstaub, daher werden sie selten von Insekten besucht. Oft bestäubt sich die Kartoffelblüte selbst. Der Blütenstaub fällt auf die eigene Narbe, es entsteht eine Frucht. Die grüne fleischige Beere enthält zahlreiche kleine abgeflachte Samen. Die Beeren sind ungenießbar, da sie, wie alle grünen Pflanzenteile der Kartoffel, das Alkaloid Solanin enthalten. Die Samen werden heutzutage nur von Züchtern zur Vermehrung der

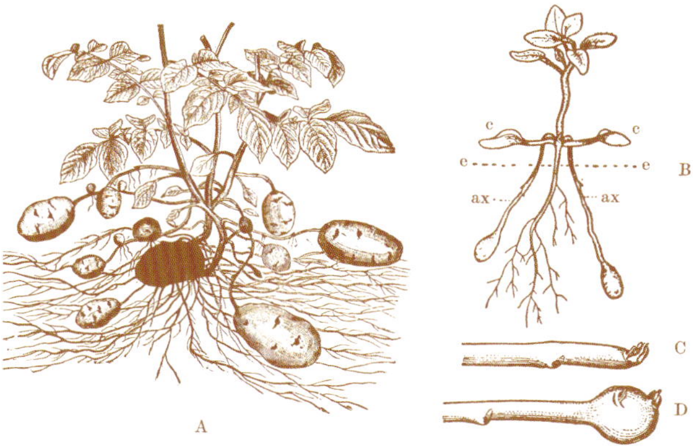

Kartoffelstaude

Kartoffel: **A** unterirdischer Teil einer älteren Pflanze, mittlere dunkle Knolle ist die in die Erde gelegte Mutterknolle, aus deren Reserven sich die Pflanze zu Anfang entwi-ckelt. **B** Kartoffelsämling, **e** Erdoberfläche, **c** Keimblätter, **ax** Achselsprosse mit Ansatz von Sprossknollen. **C** und **D** Ausläufer (Stolonen) bei beginnender Knollenbildung

Kartoffel genutzt. Blühhäufigkeit und Beerenansatz sind von Sorte zu Sorte unterschiedlich ausgeprägt.

An der in die Erde gelegten Mutterknolle entstehen neben echten Wurzeln, die der Wasser- und Nährstoffaufnahme dienen, unterirdische Ausläufer (Stolonen), die in die Länge wachsen und an der Spitze durch Dickenwachstum zu Knollen anschwellen. Durch Anhäufeln wird die Ausläuferbildung und damit die Bildung von Tochterknollen gefördert. An den Ausläufern finden sich kleine schuppenförmige Blättchen. Die Knollen tragen Vertiefungen, in denen Seitenknospen liegen, die so genannten Augen. Die Kartoffelknolle ist also ein verkürzter und stark angeschwollener Spross und keine Wurzel, weshalb man sie botanisch als Sprossknolle bezeichnet. Die Sprossknollen dienen der Pflanze zur Nährstoffspeicherung und zur vegetativen, d.h. ungeschlechtlichen Vermehrung. Die ungeschlechtliche Vermehrung hat zur Folge, dass alle Kartoffeln einer Sorte in ihrem Erbgut identisch sind. Man spricht daher auch von Klonsorten. Die Knollenform, Schalen- und Fleischfarbe sind sortenspezifisch. Die Schalenfarbe der heutigen Sorten ist meist gelb, früher wurden auch rot- und blauschalige Sorten angebaut.

Im Herbst nach Ausbildung der Tochterknollen stirbt das Kartoffelkraut ab. Die Knollen werden aus der Erde genommen, da sie nicht frosthart sind. Sie treiben erst nach einer Ruheperiode wieder aus, wenn in der Knolle vorhandenen Hemmstoffe abgebaut sind. Frühsorten keimen eher als späte Sorten. Die Mutterknolle findet sich als ausgezehrte, verfaulte Knolle meist noch im Boden.

Natürliches Verbreitungsgebiet

Die knollentragenden Solanum-Arten, zu denen die Kartoffel gerechnet wird, haben ihr natürliches Verbreitungsgebiet von den Anden Südamerikas bis Mittelamerika. Es umfasst die Gebirge und Hochebenen der heutigen Staaten Argentinien, Chile, Bolivien, Peru, Ecuador, Kolumbien bis Venezuela. Es gibt etwa 220 Wildarten und acht Kulturarten. Die Wildkartoffeln zeigen eine große ökologische Vielfalt und sind an eine Reihe extremer Standorte angepasst. Verschiedene Wildarten gedeihen im Bergregenwald, während andere frostige Temperaturen unter null überstehen oder an Halbwüstenklimate angepasst sind. Sie besitzen meist lange Ausläufer, unregelmäßig geformte kleine Knollen und höhere Solanin-Konzentrationen, was sie für eine Kultur ungeeignet macht. Wildkartoffeln sind aber eine wichtige Quelle für Resistenzen gegen verschiedene Krankheiten und Schädlinge, wichtige Eigenschaften für die Weiterentwicklung unserer Kulturkartoffelsorten. Die Züchter kreuzen die Wildarten mit modernen Kartoffelsorten, um die Resistenzgene zu übertragen.

Logo des Centro Internacional de la Papa

Neben den Wildarten sind in Süd- und Mittelamerika verschiedene Kartoffelarten in Kultur. Darunter sind z.B. Solanum phureja (2x), S. ajanhuiri (2x), S. tuberosum ssp. andigena (4x) und S. tuberosum ssp. tuberosum (4x). Eine wilde Stammart der ssp. tuberosum ist unbekannt. Züchterisch nimmt die ssp. tuberosum, aus der unsere Kartoffelsorten hervorgegangen sind, eine Sonderstellung ein. Sie besitzt nicht wie andere Pflanzen zwei Chromosomensätze, sondern vier. Sie ist autotetraploid (4x), d.h. jedes Merkmal ist in vier Ausprägungen vorhanden. Dies führt zu komplizierten Vererbungsmustern.

Die Vielfalt der primitiven Kulturarten und deren Nutzung in den Ursprungsländern der Kartoffel wird zunehmend von wenigen importierten modernen Sorten verdrängt und droht auszusterben. Es wird versucht, diese wichtigen Quellen der Vielfalt und Genreserve in so genannten „Genbanken“ zu erhalten. Das bedeutendste Institut ist das International Potato Center in Lima/Peru, das 1972 gegründet wurde. In Deutschland werden Sortenmuster am Institut für Pflanzengenetik und Kulturpflanzenforschung, Außenstelle Groß Lüsewitz, angebaut und aufbewahrt.

S. tuberosum subsp. *tuberosum*

S. chaucha, S. juzepczukii, s. curtilobum

S. tuberosum subsp. *andigena*

Verbreitung kultivierter Kartoffelarten in Südamerika

Die anderen „Erdäpfel“

Die Bezeichnung „Erdapfel“ oder „Erdappel“ wird in alten Herbarien schon vor dem Auftauchen der Kartoffeln in Europa verwendet. Die Apotheker und Botaniker bezeichneten oft andere Pflanzen, die knollige Erdorgane oder verdickte Wurzeln ausbildeten, so, z.B. Alpenveilchen oder Hahnenfuß. Da die Bezeichnungen auch aus fremden Sprachen übersetzt wurden, war oft nicht klar, welche Pflanze eigentlich gemeint war. Die Kartoffel wurde häufig mit der Süßkartoffel und der Topinambur verwechselt.

Süßkartoffel

Die Süßkartoffel oder Batate ist eine in den gesamten Tropen und Subtropen verbreitete Nahrungspflanze, die in ihren Wurzelknollen vorzugsweise Stärke speichert. Das Fruchtfleisch schmeckt leicht süßlich. Diese knollentragende Rankpflanze, Ipomoea batatas (Convolvulaceae, Windengewächse), hat becherförmige Blüten und herzförmige Blätter. Sie wächst als einjähriges Kraut und bildet sprossbürtige Wurzeln, die sich verdicken. Sie können 10–20cm lang sein mit weißer, gelber oder roter Schale. Der Name „Batate“ ist eine indianische Bezeichnung, die im Englischen zu „sweet potato“ wurde. Durch die ähnliche Namengebung wurde die Süßkartoffel oft mit der Kartoffel verwechselt. Beide Gewächse sind botanisch aber nicht verwandt. In unserem Klima können Süßkartoffeln nur auf der Fensterbank oder im Gewächshaus kultiviert werden.

Topinambur

Eine weitere knollenbildende Pflanze wurde ebenfalls oft mit der Kartoffel verwechselt: die Topinambur oder Erdartischocke. Sie kam um 1600 aus Kanada nach Europa, vor allem nach Frankreich. Dort fand sie Verbreitung als Gemüsepflanze in den Gärten und wurde als Viehfutter genutzt. Der Name Topinambur bedeutet soviel wie „bizarr, fremd". Die Topinambur wurde als „La Truffe de Canada" oder auch „Pomme de terre", in Holland als Erdapfel oder Erdbirne bezeichnet. Sie fand eher Verbreitung als die Kartoffel und wurde von dieser später in ihrer Nutzung verdrängt. Daher ist in alter Literatur manchmal unklar, welche der drei knollenbildenden Pflanzen gemeint war, Kartoffel, Süßkartoffel oder Topinambur.

Die Süßkartoffel oder Batate, Aquarell von Delahaye (1789)

Die Topinambur ist mit der einjährigen Sonnenblume verwandt und heißt botanisch Helianthus tuberosus (Compositae). Topinamburen sind ausdauernde Stauden, die an den Sprossknollen mehrere bis 3 m hohe Stängel mit herzförmigen bis lanzettlichen Blättern bilden. Sie blühen je nach Sorte nicht oder erst spät im September mit gelben Strahlenblüten. Im Boden entstehen Ausläufer, die an den Enden zu kartoffelgroßen Knollen anschwellen, je nach Sorte mit weißer, gelber oder roter Schale. Die Ernte erfolgt ab November. Die Knollen bleiben im Boden und werden je nach Bedarf entnommen. Die Kultur ist unproblematisch, Topinamburen gedeihen auch auf armen Böden. Man sollte die Pflanzstellen mit Rhizomsperren umgeben, da im Boden verbliebene Knollen austreiben und durch Verwildern leicht lästig werden können.

Geschichte

Die Kartoffel in der Mythologie der Indios

Heute wissen wir, dass die Kartoffel schon etwa 8000 Jahre vor Christus eine Kulturpflanze der Ureinwohner Südamerikas war. Ihre ersten Spuren finden sich in Ausgrabungen von Pflanzenresten, als Überreste von Speisen oder erhalten als Chuño, gefriergetrocknete Kartoffeln, deren Zubereitung schon damals bekannt war. Mittels Radiokarbonmethodik gelang eine Datierung der gefundenen Kartoffelreste.

In den Keramiken der Inkas aus der Moche-Kultur finden sich Gegenstände, die wie Kartoffelknollen geformt sind. Sie stammen aus einer Epoche von 100 vor bis ca. 600 nach Christus. Zahlreiche Grabbeigaben wie Haus- und Jagdgeräte, Waffen, Gebrauchsgegenstände, Tonplastiken in Gefäßform und vieles mehr zeugen von der Wichtigkeit der Knolle als Lebensgrundlage der Indios. Häufig findet sich in den Kunstwerken eine Verbindung von Kartoffel und menschlicher oder tierischer Gestalt. Die Kartoffel galt als beseelt. Mit ihren sprießenden Keimen und Augen wurde sie von den Indios als Symbol der Fruchtbarkeit verehrt. Die Kartoffelgöttin Axomama sorgte für eine gute Ernte und eine gesunde Fortpflanzung.

Für die Indianervölker war und ist die Kartoffel neben Mais und Bohnen das wichtigste Grundnahrungsmittel. Der Mais wächst in höheren Lagen nicht mehr, er braucht mehr Wärme. Kartoffeln gedeihen noch auf den Hochebenen in 3000–4500 m Höhe. Der Anbau von Kartoffeln macht eine Besiedlung der Hochebenen erst möglich.

Auch heute noch werden von den Bauern viele verschiedene Kartoffelarten und Landsorten in Mischkultur auf einem Feld angebaut. Auf den Märkten von Huancajo und Cuzco findet man die Kartoffel noch in ihrer ursprünglichen Farben- und Formenvielfalt mit gelben, roten und blauen Knollen. Die dortigen Bauern pflanzen manchmal 15 und mehr Sorten auf einem Feld. Bestimmte Gerichte werden jeweils mit speziellen Kartoffelsorten zubereitet.

Gefäß aus der Moche-Kultur: Verbindung von menschlicher Gestalt und Kartoffel. Die Figur hält einen Grabstock in der linken Hand, die Kartoffel scheint zu keimen.

Erste Bekanntschaft der Spanier mit den Knollen

Kartoffeln gehörten in Europa nicht zum prähistorischen Speiseplan, denn diese Pflanzen zählen nicht zu unserer heimischen Wildflora. Sie sind im Vergleich mit Getreide vielmehr Kulturpflanzen mit einer jungen Geschichte. Kartoffeln sind seit ca. 450 Jahren in Europa in Kultur, werden aber erst seit ca. 200 Jahren als Gemüse verzehrt.

In Südamerika eine alte Nahrungspflanze, fand sie ihren Weg nach Europa und von dort aus in die ganze Welt erst nach „Entdeckung“ des Kontinentes im 16. Jahrhundert. Spanische Eroberer folgten den Spuren Christoph Kolumbus nach Südamerika. Feldherren wie Pizarro (1478–1541), Queseda, Benalcazar und andere eroberten die Reiche der Indios von Peru, Kolumbien und Ecuador. Sie suchten nach „El Dorado“, dem sagenumwobenen Goldland. Im Hochland trafen sie auf die hochentwickelte Kultur der Inkas. Sie unterwarfen die alten Hochkulturen und plünderten das Land aus. Die Militärführer interessierten sich wenig für die Lebensweise der Indianervölker. Sie brachten Gold- und Silberschätze zu ihren Regenten nach Spanien und Portugal. Was sie jedoch wirklich der Alten Welt schenkten, war die Kartoffel.

Das wahre Gold der Inkas

Ab 1525 eroberten die Söldner Pizzaros das Inkareich im Hochland von Peru und Kolumbien. Pizzaro ließ 1532 den letzten Inkaführer Atahualpa durch eine List ermorden.

Pedro de Cieza de León landete 1533 als junger Soldat in Cartagena und begleitete 1538 eine Militärexpedition nach Kolumbien und Peru. In seiner 1553 in

Spanien veröffentlichten „Chrónica del Perú“ erwähnte er die Kartoffeln häufig. Sie wurden bei den Indios „Papas“ genannt. Er beschrieb sie als Hauptnahrungsmittel der primitiven Landbevölkerung. Die anfangs von den Spaniern abschätzig betrachteten Kartoffeln kamen ihnen immer stärker ins Bewusstsein, da mehr und mehr Grundbesitzer und Händler durch den Verkauf von Kartoffeln an die Arbeiter in den Silberminen von Potosi zu Reichtum gelangten.

20 Jahre später, 1571–76, bereiste der Jesuiten-Missionar Pater José de Acosta Peru. In seinem Bericht über die Natur- und Sittengeschichte der Indios beschreibt er vor allem die Herstellung von Chuño, den gefriergetrockneten Kartoffeln: Die geernteten Knollen wurden auf der Erde ausgebreitet. Nachts fallen die Temperaturen auf dem Hochland unter null Grad, die Kartoffeln frieren. Tagsüber bei intensiver Sonneneinstrahlung tauen sie auf. Das Wasser wurde mit den Füßen aus den Knollen geknetet und verdunstet in der Sonne. Nach einigen Wochen waren die Kartoffeln vollständig getrocknet. Es entstand eine leichte und jahrelang haltbare stärkereiche Kost, die schon damals eine Reserve für Notzeiten und ein wichtiger Handelsartikel war. Die Herstellungsweise von Chuño hat sich bis heute nicht verändert.

Indios pflanzen Kartoffeln mit dem Fußpflug (Holzschnitt)

Eine weitere Quelle der Beschreibung von Anbau und Ernte der Kartoffeln sowie dem hochentwickeltem Landbau der Indios stammt von Felipe Guaman Poma de Ayala in seinem Werk „Nueva crónica y buen gobierno“ (1583–1613). Holzschnitte illustrieren die Feldarbeiten der Inkas. Das Werk wurde zu seiner Zeit nicht veröffentlicht und liegt in der Königlichen Bibliothek in Kopenhagen.

Die europäischen Seeleute machten die erste Bekanntschaft mit den neuen Knollen auf dem Speiseplan. Piraten und Seefahrer wie Sir Francis Drake schätzten die Kartoffel als Proviantierung ihrer Schiffe auf der langen Rückreise nach Europa. Der Vitamingehalt der Knollen verhinderte, dass die Seeleute an Skorbut erkrankten. Ganze Speicher in den Seehäfen waren mit Kartoffeln als Tributzahlungen der Indios an die Spanier angefüllt. So führten die ersten Wege der Kartoffel von Seehäfen wie Cartagena in Kolumbien nach Sevilla in Spanien oder von Santa Fe an der Küste Venezuelas nach Youghal in Irland.

Kartoffelernte mit Fußpflug und Hacke (Holzschnitt)

Einfuhrwege der Kartoffeln

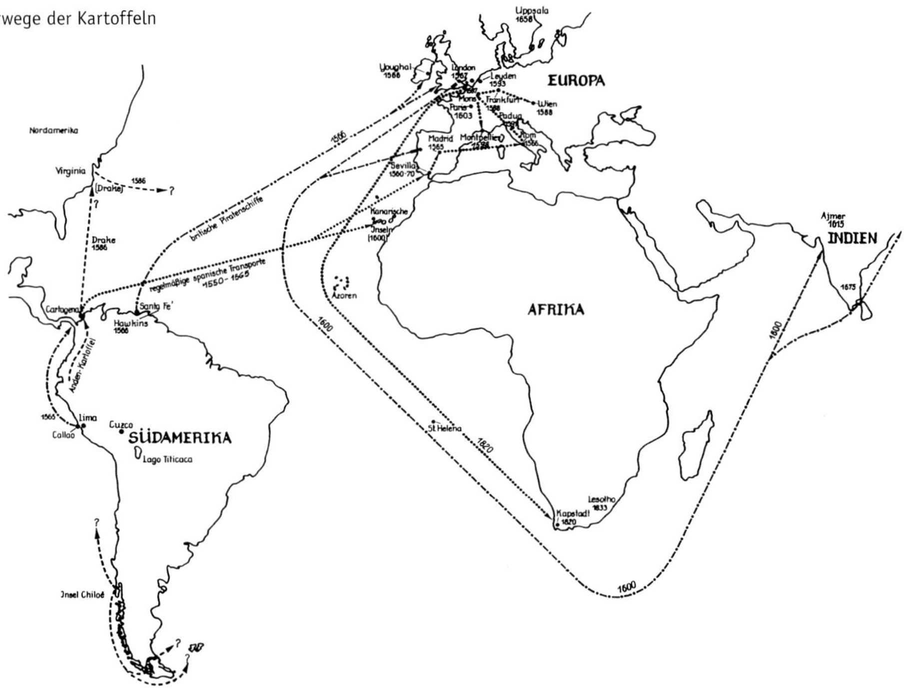

Die Raleigh-Legende:

Auf seiner Rückkehr von Virginia soll er 1586 Kartoffeln mitgebracht haben. Er wünschte die Kartoffeln in seinem Garten in Irland anzubauen und gab die Knollen seinem Gärtner. Als die oberirdischen Früchte reiften, probierte der Gärtner davon und warf sie angewidert fort. Er brachte ein paar der Früchte zum Admiral und fragte ironisch: „Sind das die berühmten Früchte aus Amerika?" Der Admiral antwortete: „Wenn du meinst, dass die Pflanze wertlos ist, grab sie aus und wirf sie weg, bevor sie mit ihren Wurzeln den Garten verdirbt." Der Gärtner tat, wie ihm aufgetragen war. Aber zu seinem Erstaunen fand er unter jeder Staude eine Anzahl von feine Knollen derart, wie er sie im Frühjahr gelegt hatte.

Die gleiche Legende erzählt man von Francis Drake und seinem Gärtner.

Die Lustgartenpflanze

Wann genau, wie und durch wen die Kartoffel nach Europa gekommen ist, wurde nie ganz geklärt. War es der englische Freibeuter Sir Francis Drake, der Sklavenhändler John Hawkins oder der irische Edelmann Sir Walter Raleigh, der nach der Legende die Kartoffel nach Irland gebracht haben soll? Wahrscheinlich haben mehrere unabhängige Einfuhren nach Spanien, England und Irland stattgefunden.

Es gibt keine gesicherten Quellen über die Ankunft der Kartoffel in Europa. So taucht sie 1573 in Spanien im Einkaufsbuch des Hospitals von Sevilla auf, wo sie wohl als Krankenkost auf dem Markt gekauft wurde. Die Mengen waren eher gering. Vermutlich wurde sie in kleinem Umfang in den Gärten kultiviert. Damals schrieb man der Kartoffel heilende Wirkung zu. So sandte König Philipp II. von Spanien dem erkrankten Papst Pius IV. im Jahr 1565 einige Knollen nach Italien.

Besitzer der ersten Kartoffeln in Europa waren Königshäuser und deren Hofbotaniker oder -apotheker. 1587 erhielt Philipp de Sivry, Präfekt von Mons im heutigen Belgien, durch Vermittlung eines päpstlichen Gesandten Knollen aus Italien unter dem Namen „Tartuffli", Trüffeln. Sivry sandte eine Abbildung einer Kartoffelpflanze und zwei Knollen an Carolus Clusius, den Direktor des kaiserlichen botanischen Gartens zu Wien und führenden Botaniker seiner Zeit. Clusius gab 1601 in seiner „Rariorum Plantarum Historia“ die erste morphologische Beschreibung der Kartoffel in la-

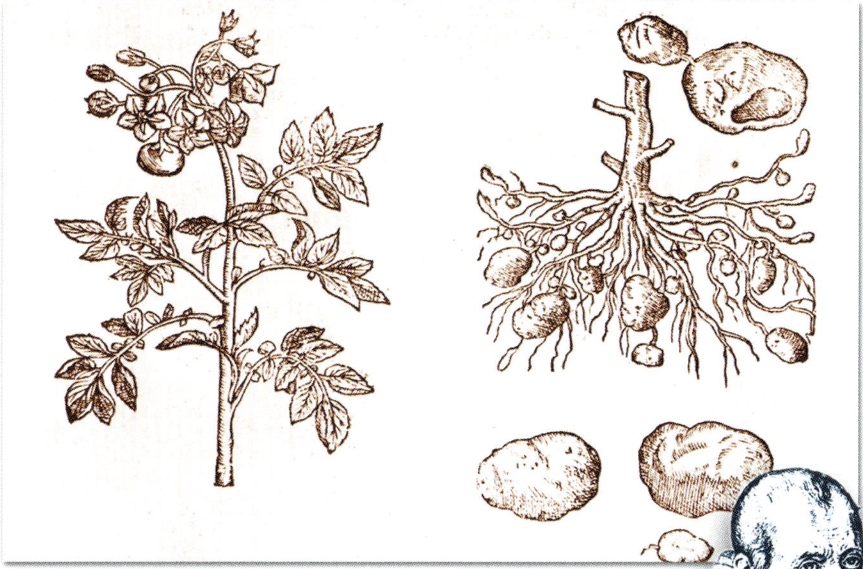

Carolus Clusius

oben:

Clusius' Zeichnung der Kartoffel

teinischer Sprache unter der Bezeichnung „Papas Peruanorum“. Er erwähnt auch Details wie unterschiedliche Blütenfarben der aus Samen (!) angezogenen Kartoffeln. Das früheste, bis auf den heutigen Tag erhaltene Herbariums-Stück einer Kartoffelpflanze, datiert aus dem Jahre 1596, befindet sich im Botanischen Museum zu Basel in der Schweiz und trägt die Beschriftung von Caspar Bauhin. Er gab der Kartoffel den botanischen Namen Solanum tuberosum, der von Linné später übernommen wurde. Im England des 16. Jahrhunderts benennt der Apotheker John Gerard die Kartoffel als „Battata Virginiana“, da er fälschlicherweise annimmt, die Pflanze stamme aus Nordamerika. Gerard war so stolz auf den Besitz dieser Pflanze, dass er sich 1597 auf dem Titelblatt seines „Herball“ in voller Hoftracht mit einem Kartoffelzweig in der Hand abbilden ließ.

So wanderte die Kartoffel als Kuriosität und wertvolles Geschenk von einem Königshof zum anderen, diente aber über eine Periode von 100 Jahren keineswegs als

John Gerard, englischer Apotheker am Hof von Königin Elizabeth I., Abbildung in voller Hoftracht mit einem blühenden Kartoffelzweig in der Hand auf seinem „Kreuterbuch" 1597.

Ackerfrucht, sondern galt als besondere Rarität für Naturforscher und Pflanze der Lustgärten. Im Jahr 1591 sandte der Landgraf Wilhelm IV. von Hessen-Kassel einige Knollen an den Kurfürsten Christian I. von Sachsen und schrieb dazu: „... Das Gewächs wachst in der Erde und hat schöne Blumen, guten Geruch, und unten an den Wurzeln viele Tubera, dieselben, wenn sie gekocht werden, sind gar anmutig zu essen." Ein wohlhabender Mann, der sich solch wertvolle Speise aus den neu entdeckten Ländern leisten konnte!

Überblick über Einführungen und Beschreibungen der Kartoffel in Europa

1492	Columbus landet auf den Karibischen Inseln
1525	Einmarsch von Pizarro in das Inkareich
1538	Mitteilung von Cieza de León über Kartoffelanbau in Popajan, Kolumbien, und Coloa, Peru
1569	Beschreibung von Kartoffelpflanzen durch den Jesuitenpater José de Acosta
1570	Erste Kartoffeleinfuhr nach Spanien etwa um diese Zeit
1573	Nachgewiesener Kauf von Kartoffeln in Sevilla für das La Sangre Hospital
1587	Philippe de Sivry, Präfekt in Mons, erhält Kartoffeln von einem Freund des päpstlichen Gesandten
1588	Carolus Clusius, Direktor des Botanischen Gartens Wien, erhält zwei Knollen und eine Frucht der Kartoffel von Philippe de Sivry
1589	Clusius erhält ein Aquarell der Kartoffel von Philippe de Sivry – erste Abbildung einer Kartoffelpflanze in Europa
1596	Caspar Bauhin schreibt die „Phytopinax" (Papas Hispanorum, Solanum tuberosum)
1597	John Gerard, Hofbotaniker der englischen Königin Elizabeth I., beschreibt in seinem Buch „The Herball, or general historie of plantes" die Kartoffel als „Battata Virginiana siue Virginianorum; Pappus, Potatoes of Virginia"
1601	Clusius beschreibt in seinem Buch „Rariorum plantarum historia" die Kartoffel in lateinischer Sprache
1753	Carl Linné gibt der Kartoffel in seinem System den botanischen Namen „Species plantarum" 1. Auflage, den Namen Solanum tuberosum

Was der Bauer nicht kennt ...

Der feldmäßige Anbau und Verzehr der Knollen verbreitete sich in den verschiedenen europäischen Ländern unterschiedlich schnell. Immer noch hatte die Kartoffel mit Vorurteilen zu kämpfen. Angesehene Ärzte machten sie für Krankheiten wie Lepra, Faulfieber, Wassersucht und Krätze verantwortlich. Auch die Kirche wetterte gegen die Kartoffel, schließlich wurde sie nicht in der Bibel erwähnt. Das Misstrauen war in gewisser Weise berechtigt, die Kartoffel gehört schließlich als Nachtschattengewächs zu einer Pflanzengruppe, deren Vertreter größtenteils giftig sind. Tatsächlich schmeckten die Knollen, die noch wenig züchterisch verändert waren, damals noch recht bitter und aus Unkenntnis wurden manchmal die giftigen grünen Beeren verzehrt.

Irland

Die irischen Bauern pflanzten in ihrer Not als erste Kartoffeln an. Nachgewiesen ist ein feldmäßiger Anbau schon vor 1663. Auf der Insel herrschten ständig Hungersnöte. Das Klima für den Kartoffelanbau war günstig. Die Knollen brachten bessere Erträge als Hafer, waren über Winter lagerfähig und man benötigte für Pflanzung und Ernte nicht mehr als die bloßen Hände. Bald wurde die Kartoffel zum einzigen Nahrungsmittel der Ärmsten, zum Frühstück, Mittag- und Abendessen. Die einfachste Zubereitungsform war gebacken oder gekocht, eingetunkt in gesalzene Milch. Die Kinder durften sich zwischen den Mahlzeiten Kartoffeln am Torffeuer garen und trugen sie als Handwärmer in ihren Taschen. Auch das Hausschwein wurde mit Kartoffeln gefüttert, der Hund und das Geflügel. Es brauchte nicht lange, bis die Iren lernten, die Kartoffeln zu vergären und Whiskey zu destillieren.

Von Irland aus kam die Kartoffel nach Wales und England, ca. 1739 nordwärts bis nach Schottland. Den Sprung über den Atlantik nach Nordamerika nahm die Kartoffel im Gepäck von schottischen und irischen Siedlern 1719 nach New Hampshire.

Die Kartoffel war eine relativ sichere Kultur, bis die Kraut- und Knollenfäule epidemisch auftrat. Ausgehend von Nordamerika wütete diese Krankheit 1844/45 in Irland und England. In den Jahren bis 1847 starben allein in Irland über eine Millionen Menschen an Hunger, da ihr einziges Grundnahrungsmittel aus Kartoffeln bestand. Etwa 1,5 Millionen wanderten aus.

Ausbreitung des Kartoffelanbaus in Deutschland

Fast jeder kennt im Zusammenhang mit der Einführung der Kartoffel in Deutschland die Namen der Preußenkönige. Der Große Kurfürst Friedrich Wilhelm ließ im Jahre 1651 zum ersten Mal Kartoffeln im Berliner Lustgarten anpflanzen.

Sein Enkel, Friedrich Wilhelm I., befürwortete den Kartoffelanbau und drohte demjenigen Ohren und Nase abschneiden zu lassen, der sich weigerte, Kartoffeln anzupflanzen. Er verfügte, dass das Berliner Hospital Charité ein Stück Land erhielt und darauf Kartoffeln anpflanzen sollte, um die mittellosen Kranken zu speisen.

Karikatur des Alten Fritz auf einem Kartoffelfeld

Der tatsächliche Durchbruch des Kartoffelanbaus in Schlesien und Pommern kam erst unter Friedrich dem Großen. Im Jahre 1744 verfügte er die Verteilung von Saatkartoffeln an die Bauern und vermittelte in zwei Briefen 1756/57, dem berühmten „Kartoffelbefehl", Anweisungen zur Kultur, Ernte, Lagerung und Verwendung der neuen Frucht. Die praktische Durchführung der Dekrete ließ er durch Landdragoner überwachen. Er hatte die Kartoffel nicht nur als wertvolle Volksnahrung erkannt, sondern auch zur Verpflegung des Militärs, denn satte Soldaten können besser kämpfen.

Trotzdem war der Erfolg der Dekrete nicht groß. Die Hungersnot und Teuerung der Lebensmittel nach dem Siebenjährigen Krieg (1756–63) bewirkte schließlich eine Etablierung der Kartoffelkultur in Preußen und Schlesien. Durch wandernde Arbeiter und Handwerker gelangte die Kartoffel in die verschiedenen Gegenden Deutschlands, ins Vogtland schon 1648, nach Niedersachsen und Westfalen 1640, nach Württemberg 1710 und nach Sachsen um 1720.

Eine nächste große Bewährungsprobe als Nahrungspflanze bestand die Kartoffel 1771/72, als sie in den Anbaugebieten in Südwest- und Mitteldeutschland die Hungersnot milderte. Ende des 18. Jahrhunderts wurde man in der Erkenntnis bestärkt, dass die Kartoffel von der gleichen Fläche das Dreifache an Nährwert verglichen mit dem Getreidebau einbrachte. Die Kartoffelkultur veränderte die Ackernutzung und die Essgewohnheiten gleichermaßen. Immerhin fürchteten die Getreidebauern eine ausbleibende Nachfrage, während die Verbraucher daran gingen, ihren Speiseplan reichhaltiger zu gestalten.

Kartoffelanbau als fürstliche Angelegenheit im Lustgarten zu Berlin

Knollen im Garten von Louis XVI.

Der französische Arzt Parmentier lernte die Kartoffel als Kriegsgefangener während des Siebenjährigen Krieges in Deutschland kennen. Nach Frankreich zurückgekehrt, wollte er den Kartoffelanbau in seinem Land populär machen. Er stieß jedoch bei den Agronomen auf taube Ohren. In Frankreich galt die Kartoffel als giftig und schlecht für den Boden. Sie hatte den Ruf, zahlreiche Krankheiten auf die Menschen zu übertragen.

Da ersann er eine List: Er erbat sich von Louis XVI. ein Stück Land, das bekannt war für seinen kargen Boden, und pflanzte dort Kartoffeln. Die Pflanzen entwickelten sich gut und blühten. Einen Strauß Kartoffelblüten ließ Parmentier nach Versailles schicken. König

Louis XVI. steckte sich eine Blüte an den Anzug und am Abend erschien Marie Antoinette mit einem Gesteck aus Kartoffelblüten im Haar. Dies wurde am Hofe sogleich nachgeahmt.

Als die Knollen reiften, ließ Parmentier das Kartoffelfeld durch Soldaten den ganzen Tag über bewachen. Nachts jedoch wurden die Soldaten abgezogen, was einige Bauern dazu verführte, die verbotenen Früchte auszugraben und mit nach Hause zu nehmen. Seitdem hat sich der Anbau der „pomme de terre“ in Frankreich etabliert. Die gleiche Geschichte mit dem listigen Kartoffelanbau erzählt man sich auch von Friedrich dem Großen.

Entwicklung der Anbautechnik

Der Kartoffel fiel der Sprung von der Gartenfrucht auf das Feld auch deshalb schwer, da sie auf ein veraltetes Agrarsystem traf.

Bis Mitte des 19. Jahrhunderts waren die Bauern noch Leibeigene, hatten zahlreiche Hand-, Spann- und Gesindedienste für den Grundherrn zu leisten sowie Abgaben in Form des Zehnts. Erst mit der Agrarreform um 1848 wurden diese mittelalterlichen Abhängigkeiten abgeschafft. Die Gemeindeflur stand unter Flurzwang und es herrschte Dreifelderwirtschaft, auf Winter- und Sommergetreide folgte das Brachefeld, das für das Vieh als Weide genutzt wurde. Es war kein Feld für die Kartoffel frei. Erst als der Flurzwang beseitigt wurde und das Brachefeld zumindest teilweise durch den Hackfruchtanbau abgelöst wurde, konnte man Kartoffeln feldmäßig anbauen.

Im Unterschied zum Getreideanbau waren die Pflegearbeiten für den Kartoffelanbau zahlreicher und aufwändiger. Anders als das breitwürfig per Hand gesäte Getreide wurden die Kartoffeln in Reihen angebaut. Wichtig zur Bodenbearbeitung war der Pflug, der schon auf jedem Hof vorhanden war. Beim Getreide wurde der Boden zwischen Saat und Ernte bis auf das Ausstechen von Disteln nicht bearbeitet, während bei Kartoffeln nach dem Pflanzen blind geeggt wurde, dann gehäufelt und zwei- bis dreimal Unkraut gehackt wurde, bis sich die Reihen geschlossen hatten. Das Pflügen und Führen der Pferde war Männersache, während die Frauen die Kartoffeln in die Furchen legten. Umfangreiche Mengen an Pflanzgut mussten aus Mieten heraussortiert und zum Feld gefahren werden. Um einen

Kartoffelroder der Firma Amazone

Hektar statt mit Getreide mit Kartoffeln zu bepflanzen, waren drei Pflüger und vier Einlegerinnen einen Tag lang beschäftigt. Die Entwicklung von Markören und Pflanzlochmaschinen verminderten zwar nicht die Handarbeit, führten aber zu gleichmäßigen Pflanzabständen und zu einer gleichmäßigen Tieflage der Knollen. Seit 1860 befasste man sich in England mit der Konstruktion von Legemaschinen, die aber noch nicht zu befriedigenden Arbeitsergebnissen kamen.

Die Ernte im September/Oktober erfolgte entweder mit langstieligen Hacken oder auf größeren Betrieben mit dem Pflug. Ab 1870 gab es Erntemaschinen wie Schleuderradroder, die die Knollen mit rotierenden Grabegabeln aus dem Damm schleuderten. Albrecht Thaer kalkulierte den Arbeitskräftebedarf mit „32 Weibern und 3 Männern“ pro Hektar, die die Knollen aufsuchten, die vollen Körbe in Säcke schütteten und zum Wagen brachten. Die Knollen wurden entweder auf dem Feld eingemietet oder zum Hof gefahren und dort eingekellert.

Mit Beginn der 50er Jahre des 20. Jahrhunderts wurde die Zugkraft von Pferden und Ochsen durch Ackerschlepper ersetzt. Mit der höheren Zugleistung eröffneten sich dem Maschineneinsatz neue Horizonte. Jetzt konnten Vollernter zum Einsatz kommen, die – mit Siebtrommeln, Förderbändern und Bunkerwagen aus-

Schleuderradroder der Firma Harder

gerüstet – die Kartoffeln in einem Arbeitsgang aufnahmen. Der Bedarf an Arbeitskräften wurde dadurch drastisch reduziert.

Die Maschinen beeinflussen auch das Aussehen der Kartoffeln. Sorten mit gleichmäßig großen ovalen Knollen lassen sich maschinell besser verarbeiten als lange dünne Knollen oder solche mit dünner Schale, die zu Beschädigungen neigen. Die Mechanisierung ist damit auch ein Grund, warum bestimmte Sorten von den Feldern verschwunden sind.

Gefahren und Erfolge in der Kartoffelkultur

Nachdem ihre volkswirtschaftliche Bedeutung erkannt war, befasste man sich in Deutschland im 19. Jahrhundert intensiv mit der Kartoffelzüchtung. Verbunden mit einem allgemein wachsenden Interesse an der Landwirtschaft stand den Bauern eine beeindruckende Vielfalt regionaler Sorten mit unterschiedlicher Reifezeit und spezifischem Verwendungszweck zur Verfügung. In dem Katalog der Kartoffelausstellung aus dem Jahre 1875 in Altenburg/Sachsen sind über 600 Herkünfte verzeichnet. Sie sahen ihren Vorfahren aus Südamerika noch recht ähnlich und auch die Palette der Schalenfarben von gelb, rot und blau war vertreten. Man unterschied Frühkartoffeln, die zu Jakobi (25. Juli) reiften, und Herbsttüffeln für die Winterlagerung. Sie trugen Namen wie „die rothe Frühkartoffel", „die kleine Nusskartoffel" oder „die gelbe Zapfenkartoffel". Die meisten dieser einfachen Sorten sind durch die verheerende Krautfäuleepidemie 1845–48 ausgestorben. Der weitere Kartoffelanbau schien völlig infrage gestellt, da keine der bestehenden Sorten von der Krankheit verschont blieb. Neben den wirtschaftlichen Verlusten für die Bevölkerung war der genetische Verlust an Kartoffelmaterial ebenfalls schwerwiegend. Der ökonomische Zwang, schnellstmöglich wieder zu stabilen Kartoffelerträgen zu kommen, war der Beginn der planmäßigen Kartoffelzüchtung in verschiedenen europäischen Ländern. Neue Sorten und Wildkartoffeln wurden zur „Blutauffrischung" von Expeditionen aus Südamerika nach Europa geholt. Man kreuzte gezielt widerstandsfähige Sorten und zog Sämlinge heran, die auf Krankheitsresistenz ausgelesen wurden. Erste Erfolge hatte der englische Züchter William Paterson mit seiner Sorte „Victoria". Seit 1902 gibt es die Sorte „King Edward VII", die wegen ihres guten Geschmackes bald zur beliebtesten Speisekartoffel Englands wurde. Mit „Elsners Sämlingen" wurde 1840 ein erster Zuchterfolg in Deutschland markiert. Ein herausragender züchterischer Erfolg von Richter (1908) war die Sorte „Jubel", eine mittelspäte Speisekartoffel von ansprechender Form und Qualität. Eine weitere Persönlichkeit aus der Anfangszeit der Kartoffelzüchtung war Otto Cimbal. Seine herausragenden Züchtungen waren „Prof. Wohltmann" (1895) und „Alma" (1904). Bekannt war auch die Kartoffel „Industrie", die 1900 durch den Züchter Modrow entstand. Sie hat im Essverhalten einen Wandel herbeigeführt. Ihre guten Geschmacks- und Kocheigenschaften wurden auf die gelbe Fleischfarbe geschoben und seitdem wird Gelbfleischigkeit in Deutschland als Anzeichen für gute Qualität gewertet. „Eigenheimer" (1893), „Holländer Erstlinge" (1910), „Ackersegen" (1929), „Odenwälder Blaue" (1908) und die gute alte „Sieglinde" (1935) sind Sortennamen, die mancher noch kennt.

Das Auftreten des Kartoffelkrebses führte 1934 in Deutschland zu einer Verordnung, die bestimmte, dass keine krebsanfälligen Sorten mehr angebaut werden durften. Dies verringerte die Zahl der zum Anbau zugelassenen Sorten erheblich.

So erlebte die Sortenentwicklung ein ständiges Auf und Ab. Die Züchter befinden sich im Wettlauf mit den Krankheitserregern und Schädlingen und mit dem sich wandelnden Geschmack der Verbraucher sowie den heutigen Anforderungen der Kartoffel verarbeitenden Industrie.

Moderne Kartoffelzüchtung

Die Entwicklung einer neuen Kartoffelsorte dauert auch heute noch trotz Einsatzes moderner Zuchttechniken ca. 12–15 Jahre. Moderne Sorten müssen besonders zahlreiche Zuchtziele vereinigen wie Qualität (Form der Knolle, Schalenfestigkeit, Speisewert, Inhaltsstoffe) und Krankheitsresistenz, u.a. gegen Kartoffelnematoden, Blattroll- und Y-Virus, Krautfäule, aber auch Vollernteverträglichkeit und Lagerfestigkeit. Jede Sorte stellt einen Kompromiss dar, da es aus genetischen Gründen nicht gelingt, jede gewünschte Eigenschaft in hoher Ausprägung in einer Sorte

zu vereinigen. Aussichtsreiche Formen werden von den Züchtern beim Bundessortenamt zur amtlichen Prüfung angemeldet. Erst wenn sie dort nach mehrjährigem Anbau an mehreren Orten im Vergleich mit anderen Sorten für gut befunden werden, können sie offiziell angemeldet werden und bekommen Sortenschutz. Nur von angemeldeten Sorten darf Pflanzgut vermehrt und in den Handel gebracht werden. Im Sortenverzeichnis des Bundessortenamtes waren 2001 ca. 180 Kartoffelsorten verzeichnet. Das von Lizenzbetrieben vermehrte Pflanzgut wird zur Qualitätssicherung beim Pflanzenschutzamt kontrolliert, bevor es in den Handel gebracht werden darf.

Einige Sorten schaffen die Anerkennung als Neuheit nicht. Sie gelangen nicht in die Sortenlisten. Andere Sorten sind in ihren Leistungsmerkmalen überholt und werden vom Züchter abgemeldet. Etwa 15–20 Sorten finden eine größere Verbreitung im Handel. Dazu zählen außer Speisekartoffeln auch solche Sorten, die als Wirtschaftskartoffeln zur Herstellung von Veredelungsprodukten sowie zur Gewinnung von Stärke und Industriealkohol gezüchtet wurden.

Wann eine Sorte „alt“, d.h. mit ihren Werteigenschaften überholt ist, kann man nicht vorhersagen. Die Sorte „Bintje“ behauptet sich schon seit 1910. Es gibt in der aktuellen Sortenliste „Dauerbrenner“ wie die bewährten Sorten „Grata“ (angemeldet 1955) und „Hansa“ (angemeldet 1956). Bewährte Sorten aus den 60er Jahren sind „Hela“, „Clivia“ und „Desiree“ (rotschalig). Andere Sorten dagegen sind kurzlebig und verschwinden nach fünf bis acht Jahren wieder aus den Sortenlisten, z.B. „Buschra“, eine rosaschalige Sorte (1985–91). Die weißfleischigen Sorten sind in Deutschland beim Verbraucher nicht gefragt. In Osteuropa schätzt man dagegen eher Knollen mit hellem Fleisch. In den skandinavischen Ländern hat man Vorlieben für Sorten mit roter Schalenfarbe. In Südfrankreich findet man blaue Kartoffeln auf den Märkten, z.B. die köstliche „Vitelotte“. Die französische Sorte „Bonnotte“ gilt als feinste Frühkartoffel. Sie wird wieder von den Bauern der Insel Noirmoutier gepflanzt, nachdem sie wegen ihrer Empfindlichkeit bei maschineller Verarbeitung in Vergessenheit geraten war. Die zarten Knollen müssen von Hand gepflanzt und geerntet werden. Durch das Mikroklima der Insel benötigt die Bonnotte nur 90 Tage zur Reife. Die Felder werden mit Seetang gedüngt, was den Knollen ein besonderes Aroma verleiht. Eine Staude trägt nur 100–200 g Kartoffeln. Die Ernte 1995 wurde vom Auktionshaus Drouot in Paris versteigert, für stolze 18 DM das Kilo! So findet man in jedem Land andere Vorlieben bei Kartoffelsorten.

Kartoffeln und Gentechnik

Die Anwendung dieser Technologie macht auch vor der Kartoffel keinen Halt. Wie bei Sojabohnen, Mais, Zuckerrüben, Raps oder Tomaten wird seit Ende der 80er Jahre versucht, bestimmte Zuchtziele bei der Kartoffel durch gentechnische Verfahren schneller und effizienter zu erreichen. Man kann sogar Eigenschaften aus anderen Pflanzenarten (z.B. Frostresistenz aus dem Schneeglöckchen), ja sogar Tieren oder Bakterien übertragen. Die Kartoffel ist für diese Verfahren besonders geeignet, da sie gut in vitro regeneriert. Im Glas lässt sich aus kleinsten Stängel- oder Blatteilen, ja einzelnen Zellen, wieder eine komplette Pflanze herstellen.
Qualitätsverbesserung: nachwachsender Rohstoff Stärke, Kartoffel enthält Amylose (einfaches Kettenmolekül) und Amylopektin (verzweigtes Kettenmolekül), erwünscht ist ein einheitlicher Stärketyp, Blockierung des Syntheseweges eines Enzyms mittels „Antisense-Methode“, sodass die Kartoffel nur Amylopektin synthetisiert. Transgene Sorten sind zu Versuchszwecken in Deutschland im Anbau.

Erhöhung des Stärkegehaltes von Kartoffeln, 75% der Trockensubstanz ist Stärke, durch Einschleusen zusätzlicher stärkebildender Enzyme, z.B. aus Bakterien, Verstärkung der Enzymaktivität in der Stärkeproduktion.

Die Anwendung von Gentechnik kostet viel Geld. Meist sind es große, international arbeitende Konzerne, die an der Entwicklung transgener Sorten arbeiten. Wie die Ausrichtung der Ziele zeigt, sind die Sorten für den Anbau in der Intensivlandwirtschaft für eine industrielle Weiterverarbeitung der Kartoffel, sei es zu Pommes frites oder Stärke für die Papierindustrie gedacht. Wenn der Verbraucher keine gentechnisch veränderten Sorten auf den Teller bekommen möchte, sollte er wachsam sein und demnächst die Verpackungsaufschriften noch genauer lesen.

Folgende Ziele werden bei der Kartoffel in Forschung und Züchtung bearbeitet:

Pilzresistenz: Resistenz gegen Kraut- und Knollenfäule, durch Einbau eines Ribonuklease-Gens (Barnase) aus einem Bodenbakterium. Durch eine auf die befallene Blattzelle beschränkte Absterbereaktion soll der Pilzbefall begrenzt werden.

Insektizidresistenz: Einbau eines Bacillus-thuringiensis-Toxins gegen Kartoffelkäfer. Kartoffelkäfer und Larven, die Blätter von Bt-Kartoffelpflanzen fressen, sterben ab. In den USA und Kanada sind bereits transgene Sorten auf dem Markt, die resistent gegen Kartoffelkäfer sind.

Virusresistenz: gegen Kartoffel-Blattrollvirus, Kartoffelvirus X und Y, durch Einbringen viraler „Antisense-DNA“ (Gegensinn-DNA) wird die Vermehrung der Viruspartikel in den Zellen verhindert.

Kartoffelsorten für Liebhabe

Neben dem kommerziellen Anbau „offizieller" Sorten als Speisekartoffeln ist ein Liebhaberanbau entstanden, bei dem Hobbygärtner verschiedene alte Sorten anbauen und so am Leben erhalten, damit die aus dem Sortiment abgelegten Sorten nicht aussterben. Sorten, die für die Industrie nicht akzeptabel sind und maschinell nur mit Aufwand gepflanzt und geerntet werden können, sind für den Hausgarten noch von Nutzen. Ein Hausgärtner ist nicht darauf angewiesen, Höchsterträge zu erzielen. Krankheitsresistenz ist zwar erwünscht, spielt aber im Kleinanbau bei Beachtung des Fruchtwechsels eine untergeordnete Rolle. Die alten Landsorten waren an die regionalen Boden- und Klimaverhältnisse angepasst. Außerdem stellen alte Sorten ein Kulturgut dar, das vor dem Aussterben bewahrt werden muss. Dies haben Kartoffeln mit anderen Gewächsen wie alten Obstsorten und alten Gemüsesorten gemeinsam. Leider haben alte Sorten bei den Behörden und EG-Gremien keine Lobby. Es haben sich einige Vereine gegründet, die sich der Erhaltung der alten Kulturpflanzen, darunter auch der Kartoffel, angenommen haben. Es liegt an jedem selbst, durch sein Interesse und seine Mitarbeit bzw. durch die eigene Kultur im Hausgarten einen Teil zur Erhaltung solcher Sorten beizutragen. Auch unsere Nachwelt soll einmal die spannende Geschichte der Kartoffel erfahren können.

Sammlertipp

Wer an einer „sortenreinen" Erhaltung der Kartoffeln interessiert ist, sollte sich ihre Namen und die Herkunft gut leserlich aufschreiben. Wenn die Fülle der Sorten durch Sammelleidenschaft wächst, ist es ratsam, ein Heft dafür anzulegen. Darin können auch andere Beobachtungen wie z.B. Blütenfarbe, Auftreten von Kartoffelkäfern und Krautfäule oder Wetterbeobachtungen notiert werden. Es gibt nichts Schlimmeres als „Etiketten-Mutanten". Das Rückbestimmen von Kartoffelsorten ist bei den wenigen Merkmalen an Knollen und Stauden so gut wie unmöglich.

Im Garten können die Reihen mit beschrifteten Holz- oder Kunststoffschildern gekennzeichnet werden. Da die Kartoffeln durch Knollen und nicht durch Samen vermehrt werden, besteht keine Gefahr durch Fremdbestäubung; viele Sorten können also bedenkenlos nebeneinander angebaut werden.

Ich verzichte absichtlich auf Beschreibungen des Geschmackes, da dieser durchaus von Sorte zu Sorte verschieden ist, aber auch wesentlich vom Boden, von Niederschlagsmengen und Düngergaben variiert wird. Was der eine als „kräftigen Kartoffelgeschmack" beschreibt, empfindet der nächste vielleicht als „Schweinepott". Die Geschmäcker sind halt (Gott sei Dank) unterschiedlich. Ein jeder finde selbst seine Lieblingssorte heraus.

Sortenbeschreibungen

Die auf den nächsten Seiten vorgestellten Kartoffelsorten sind teilweise mit einem h gekennzeichnet. Diese Sorten sind nicht amtlich zugelassen. Es ist kein anerkanntes Pflanzgut mehr erhältlich, sodass die Erhaltung nur durch Liebhaber und Vereine betrieben wird.

Die Kreuzung der Sorten ist im Text mit einem X gekennzeichnet. Beispiel: Clivia X Hydra. Das bedeutet, dass die beschriebene Sorte durch eine Kreuzung der beiden genannten Sorten entstanden ist.

Gelbschalige Sorten

Ackersegen

Herkunft: Deutschland 1929-1968,
Züchter: Kartoffelzucht Böhm, Kallies/Pommern;
Abstammung: aus einer Kreuzung von „Hindenburg“ X „Allerfrüheste Gelbe“; Knollen rundoval bis oval, mittelgroß bis groß, Augen flach, Schale gelb, schwach genetzt, Fleisch gelb, vorwiegend fest kochend, Blüte weiß, Reifezeit sehr spät; krebsfest, schorffest, anfällig gegen Viruskrankheiten. Schon legendär gewordene Kartoffelsorte, war lange als Universalsorte, Speise- und Futterkartoffel im Weltsortiment, 1950 waren 63% der angebauten Kartoffeln in der Oberpfalz von der Sorte „Ackersegen“, brachte auf allen Böden regelmäßige und hohe Erträge, gute Lagerfähigkeit, wurde 1968 aus der Sortenliste gestrichen.

Allerfrüheste Gelbe

Herkunft: deutsche Sorte des Kartoffelzüchters Böhm, Sültingen von 1922;
Abstammung: aus Industrie X Sämling 155/06;
Knollen rundoval, mittelgroß bis groß, Augen mitteltief, Schale ocker, Fleisch gelb, fest kochend, Blüte weiß, blühfreudig, Reife mittelfrüh, gute Speisesorte; krebsanfällig, anfällig für Krautfäule.

Aquila

Herkunft: deutsche Sorte von 1942–1967,
Züchter v. Dürckheim/Ostpreußen, war Hauptsaatkartoffel für die damaligen Rheinprovinzen;
Abstammung: Konsuragis X ([Polanin X Ef-St] X Jubel) X Hindenburg;
Knollen rundoval, mittelgroß, Augen flach, Schale ocker, Fleisch hellgelb, mehlig kochend, Blüte violett mit weißen Zipfeln, blühfreudig, Reife mittelspät; meist gute Widerstandsfähigkeit gegen Krautfäule und Viruskrankheiten.

Aula

Herkunft: deutsche Sorte der Kleinwanzlebener Saatzucht, 1974;
Abstammung: aus Clivia X Hydra;
Knollen rundoval, flach, relativ groß, Schale gelb, genetzt, Fleisch dunkelgelb, mehlig kochend, Blüten weiß, Reife spät, regional noch häufig, beliebte mehlig kochende Sorte; krebsfest.

Axilia

h

Herkunft: DDR 1965–1978;
Abstammung: aus Saskia X Ora;
runde Knollen mit ockergelber genetzter Schale, Augen tief, Fleisch hellgelb, Blüte weiß, Reifezeit früh, von gutem Speisewert, vorwiegend fest kochend; krebsfest, mittlere Anfälligkeit gegen Krautfäule.

Bamberger Hörnle

h

Herkunft: alte Landsorte, die regional im Raum Bamberg, Franken, angebaut wird;
Abstammung: unbekannt, soll aus Frankreich stammen;
Knollen lang und dünn, fingerförmig, relativ gerade, von mittlerer Größe, Schale hellrosa, Blüte weiß, selten, Fleisch hellgelb, fest kochend, ertragsschwach, da die Sorte stark abgebaut ist; empfindlich gegen Krautfäule.
Diese wohlschmeckende Sorte ist vom Aussterben bedroht. Die noch vorhandenen kleinen Liebhaberbestände sind durch jahrzehntelangen Nachbau stark abgebaut. Oft bekommt man Speisekartoffeln anderer Kipfler-Sorten wie „La Ratte“ als „Bamberger Hörnle“ angeboten. Die Unterscheidung an Hand der Knollenmerkmale ist kaum möglich, aber echte Bamberger haben eine leicht rosa Schale.

Berlichingen

h

Herkunft: deutsche Sorte der Pommerschen Saatzucht, Uelzen, von 1927;
Abstammung: aus Centifolia X Pepo;
Knollen oval, Schale hellrot, rauh, Fleisch weiß, vorwiegend fest kochend, Blüten rosa, Reife mittelspät; krebsfest, abbauanfällig, neigt zu Eisenfleckigkeit.

B. F. 15

Herkunft: französische Sorte der Station d'Amélioration, Versailles, im Handel seit 1947;
Abstammung: aus Belle de Fontenay X Flava;
Knollen oval bis langoval, Augen flach, Schale gelb, glatt, Fleisch gelb, Blüte weiß, Reife früh, fest kochende Sorte mit hohem Speisewert, die verbesserte Form der „Belle de Fontenay“; krebsfest, anfällig für Krautfäule.

Bintje

Herkunft: aus Holland, zugelassen seit 1910, Züchter K.L. de Vries;
Abstammung: aus Munstersen X Fransen;
Knollen oval, Augen flach, Schale ocker, Fleisch hellgelb, Blüte weiß, Reife mittelfrüh, fest kochend, wird wegen ihres sehr guten Speisewertes großflächig als Pommes-, Püree- und Verarbeitungskartoffel angebaut; sehr anfällig für Krautfäule, krebsanfällig.

Bona

Herkunft: Deutschland 1944, Züchter Vereinte Saatzuchten Ebstorf/Hannover;
Abstammung: Sämling 6 X Flava;
Knollen rund, etwas flach, Schale ocker, Fleisch gelb, vorwiegend fest kochend, Blüte weiß, Reife mittelfrüh, gute Lagerfähigkeit; krebsfest, anfällig gegen Krautfäule, widerstandsfähig gegen Abbau, für alle Böden geeignet.

Bonnote de Noirmoutier

Herkunft: französische Sorte von der atlantischen Gemüseinsel Noirmoutier;
Abstammung: unbekannt;
Knollen rundoval, eher klein, Schale ocker, sehr dünn, Fleisch hellgelb, vorwiegend fest kochend, bildet nur wenige kleine Knollen pro Staude, Blüte weiß, Reife sehr früh. Wird per Hand gepflanzt und geerntet, die Äcker werden mit Seetang gedüngt und sind der Gischt des Meeres ausgesetzt, was die Knollen besonders schmackhaft macht, wird als Feinschmeckersorte gehandelt, die begrenzte Erntemenge erzielt bei Verkäufen an Restaurants und Versteigerungen Höchstpreise.

Condea

Herkunft: Deutschland 1958;
Abstammung: aus Concordia X 19120 (Wildsorte);
Knolle rundoval, relativ groß, Schale gelb, glatt, Augen flach, Fleisch gelb, fest kochend, Blüte weiß, häufig, Reife spät, Knollenertrag hoch; krebsfest, widerstandsfähig gegen Krautfäule.

Dänische Spargelkartoffel

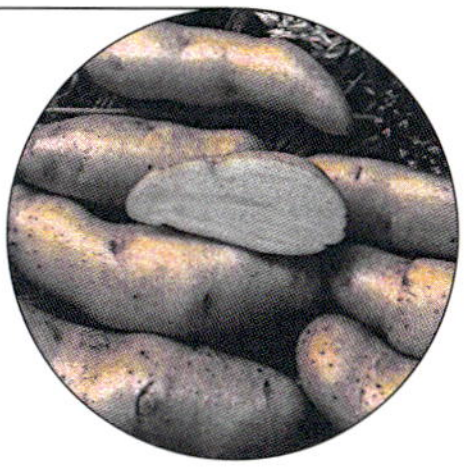

Herkunft: Dänemark, vor 1900;
Abstammung: unbekannt;
Knollen lang, fingerförmig, kann sehr groß werden (wie eine Banane), gelbe Schale und gelbes Fleisch, Blüte weiß, fest kochend, Reife mittelspät, gute Salatkartoffel, sehr ertragreich; empfindlich gegen Krautfäule.
Diese Sorte, auch Asparges oder Bananenkartoffel genannt, sollen deutsche Siedler mit in das dänische Grenzgebiet gebracht haben, wo sie heute noch angebaut wird. Sie gilt als feine Speisekartoffel und wird bei festlichen Gelegenheiten gegessen, ist der französischen „La Ratte" sehr ähnlich, aber mit größeren Blättern, Blüten und Knollen.

Eigenheimer

Herkunft: holländische Sorte des Züchters Veenhuizen, im Handel seit 1893;
Abstammung: aus Blauwe Reuzen X Fransen;
Knollen oval mit stumpfem Ende, häufig unregelmäßig mit tiefen Augenhöckern, Schale ocker mit violetter Tönung am Kronenende und um die Augen, Fleisch hellgelb, mehlig kochend, Blüte weiß, selten, Reife mittelfrüh, ertragssichere Sorte, in den Niederlanden eine geschätzte Sorte; krebsanfällig, krautfäuleanfällig, Eisenflecken im Fleisch kommen vor. Es gibt eine Variante „Blaue Eigenheimer", mit vorwiegend lila-rosa gefärbter Schale und gelben Augenflecken, sonst wie diese Sorte.

Flava h

Herkunft: deutsche Sorten der Pommersche Saatzucht Gesellschaft von 1931–1958;
Abstammung: aus Erdgold X Fransen;
Knollen rundoval, etwas eckig, tiefe Augen, Schale ocker, Fleisch gelb, vorwiegend fest kochend, Blüte weiß, Reife mittelfrüh, wurde wegen ihres guten Speisewertes geschätzt, verlangt bessere Böden, sonst kleine Knollen; krebsfest, mittlere Anfälligkeit gegen Krautfäule.

Fransen

Herkunft: Niederlande;
Abstammung: franz. Landsorte Jaune d'Or;
auch „Franschen“ geschrieben, Knollen rund mit tiefen Augen, Schale ocker, glatt, Fleisch hellgelb, mehlig kochend, von gutem Speisewert, Blüte blassblau, Reife mittelfrüh; krebsanfällig, anfällig für Schorf.
Eine der Stammsorten des europäischen Kartoffelsortiments, wurde in Kreuzungen eingesetzt, die z.B. die Sorten „Bintje“ und „Flava“ hervorbrachten.

Golden Wonder

Herkunft: Schottland 1906, Züchter John Brown;
Abstammung: aus einer Kreuzung mit Early Rose;
Knollen oval bis birnenförmig, Schale ocker, rauh, Fleisch weiß, mehlig kochend, kräftiger Wuchs mit hohen Stängeln, Reife spät, der Geschmack ist am besten nach einiger Zeit der Lagerung; krebsfest.

Grata

Herkunft: deutsche Sorte der Stader Saatzucht von 1955;
Abstammung: aus Ackersegen X Flava;
Knollen rundoval bis oval, mittelgroß, Augen flach, Schale gelb, rauh, Fleisch gelb, vorwiegend fest kochend, Blüte weiß, Reife mittelfrüh; krebsfest.
Eine der ältesten in Deutschland zugelassenen Sorten, Anbauflächen rückläufig, hat von ihren Eltern gute Speiseeigenschaften geerbt.

Hansa

Herkunft: deutsche Sorte der Vereinigten Saatzuchten Ebstorf, seit 1956;
Abstammung: aus Oberarnbacher Frühe X Flava;
Knollen langoval, Augen flach, Schale gelb, glatt, Fleisch gelb, fest kochend, Blüte weiß, häufig, Reife mittelfrüh; krebsfest.
Mit recht hohen Bodenansprüchen, gute Keimruhe, als Einkellerungskartoffel geschätzt, ebenso alt wie „Grata“.

Heideniere

Herkunft: deutsche Sorte von 1953;
Abstammung: unbekannt;
Knollen hörnchenförmig, nierenförmig, eher klein, Schale ocker, Fleisch gelb, fest kochend, Blüte weiß, schwach blühend, Reife mittelfrüh; krebsfest, mittlere Anfälligkeit gegen Krautfäule.

Industrie

Herkunft: deutsche Sorte des Züchters Modrow, seit 1900, 1936 gestrichen;
Abstammung: aus Zwickauer Frühe X Simson;
Knollen rund bis rundoval, Augen tief, Schale ocker, Fleisch gelb, vorwiegend fest kochend, Blüte hellviolett mit weißen Zipfeln, späte Speise- und Wirtschaftskartoffel; krebsanfällig, wenig krautfäuleanfällig, gute Lagerfähigkeit. „Industrie" lieferte hohe Erträge und war wegen ihrer Gelbfleischigkeit eine beliebte Speisekartoffel, seitdem wurde Gelbfleischigkeit zu einem Qualitätsmerkmal.

Institut de Beauvais

Herkunft: französische Sorte der Zuchtstation Ecole de Beauvais, schon vor 1884 in der Sammlung von Vilmorin bekannt;
Abstammung: unbekannt;
Knollen gelbschalig, fast weiß, mit rosa Flecken um die Augen, herzförmig bis brötchenförmig, Fleisch hellgelb, mehlig kochend, wird auch als „Königin der Pürees" bezeichnet, Blüte weiß, reichblühend, Reife spät, sehr produktiv, bildet große Knollen mit guter Qualität, bis 500 g schwer; krebsanfällig.

Jersey Royals

Herkunft: Name eigentlich „International Kidney" des englischen Züchters Robert Fenn, eingeführt ca. 1879, auf den Kanalinseln „Jersey Royals" oder nur „Royals" genannt;
Abstammung: unbekannt;
langovale gelbschalige Knollen, dünne Schale, Fleisch hellgelb, wachsig, fest kochend, Reife mittelfrüh; anfällig für Krautfäule, auf Sandböden schorfanfällig. Gefragt wegen ihres guten Geschmacks, aber auch empfindlich wie eine Prinzessin, am besten Ernte von Hand, als Frühkartoffel frisch geerntet und nach spätestens zwei Stunden gegessen – so sind sie am besten! Kartoffelsorte mit kommerziellem Anbau nur auf den Kanalinseln Jersey und Guernsey; Landwirte auf Jersey testeten zahlreiche Kartoffelsorten, um den englischen Markt mit Frühkartoffeln zu beliefern und fanden diese Sorte für den dortigen Boden und Klima am geeignetsten.

Jubel

h

Herkunft: deutsche Sorte des Züchters Richter, Gardelegen/Altmark, von 1908;
Abstammung: Victoria Augusta X Sämling 78/92;
Knollen langoval, mittelgroß bis groß, Augen flach, Schale gelb, rauh, Fleisch weiß, Blüte dunkellila, vorwiegend fest kochend, Reife mittelspät; krebsfest, schorffest, ziemlich widerstandsfähig gegen Krautfäule.

Kerkauer Kipfler (Kerkovske Rohlicky)

Herkunft: Tschechoslowakei;
Abstammung: aus Vis Rohlicky X Parnassia;
Knollen lang, nierenförmig gebogen, Augen flach, Schale gelb, glatt, fest kochend, Reife mittelfrüh; krebsfest. Ähnlich wie „Dänische Spargelkartoffel" oder „Naglerner Kipfler".

La Ratte d'Ardeche

Herkunft: französische Fingerling-Sorte, schon 1872 erwähnt, sicher älter;
Abstammung: unbekannt;
Knollen lang, fingerförmig, kipflerförmig gebogen, Augen flach, Schale gelb, glatt, Fleisch gelb, fest kochend, niedrige Pflanze, bildet viele eher kleine Knollen, Blüten rosa, Reife mittelspät; krautfäuleanfällig.
Feinkostsorte, als Salatsorte, kalt gegessen wird der Geschmack intensiver, oft unter anderen lokalen Namen gehandelt (z.B. als falsche „Bamberger Hörnle", „Kipfler"), ähnlich wie „Dänische Spargelkartoffel", aber kleiner in Knolle und Staude.

Linzer Delikatess

Herkunft: Österreich, seit 1975;
Abstammung: aus Sieglinde X Zuchtstamm;
Knollen langoval bis birnenförmig, Schale ocker, glatt, flache Augen, Fleisch gelb, fest kochend, Blüte weiß, selten, Reife mittelfrüh; krebsfest, mittlere Anfälligkeit gegen Krautfäule.
Ähnliche Sorte: „Linzer Frühe".

Mehlige Mühlviertler

Herkunft: Österreich, Mühlviertel;
Abstammung: alte Landsorte (?);
Knollen rundoval, mittel bis groß, Augen tief, Schale gelb, Fleisch gelb, mehlig kochend, Reife spät, hat sich auch in Höhenlagen bewährt.

Naglerner Kipfler

Herkunft: Österreich, 1956 zugelassen;
Abstammung: entstand als Selektion aus einer Landsorte;
Knollen lang, fingerförmig, ähnlich „La Ratte" und „Dänische Spargelkartoffel", Schale gelb, glatt, Fleisch gelb, fest kochend, Blüte rosa, Reife mittelfrüh, wird noch in geringem Umfang in Österreich vermehrt; krebsanfällig, anfällig gegen Krautfäule.

Ora

Herkunft: DDR 1952–1980, H. Lembke/Malchow, Insel Poel;
Abstammung: aus Capella X BRA 9089;
Synonym „Mira“, rundovale Knollen, Schale ocker, rauh, Augen mitteltief, Fleisch hellgelb, mehlig kochend, Blüte weiß, Reife spät, Universalsorte mit guten Erträgen, gute Keimruhe; krebsfest, relativ widerstandsfähig gegen Krautfäule.

Ostbote

Herkunft: deutsche Sorte von 1933 des Züchters Raddaz, Wisbuhr/Pommern;
Abstammung: aus Rheinland X Hindenburg;
Knolle rundoval, bucklig, Schale ocker, Fleisch hellgelb, mehlig kochend, Blüte blauviolett, Reife mittelspät; krebsfest, mittlere Anfälligkeit gegen Krautfäule, geringe Abbauerscheinungen.

Parnassia

Herkunft: deutsche Sorte von 1913, Züchter von Kameke, Streckentin;
Abstammung: aus Deutsches Reich x Jubel;
Knollen rundoval, recht groß, Augen tief, Schale gelb, Fleisch weiß, mehlig kochend, Blüte dunkellila, Reife mittelspät; krebsfest.
Wurde als Wirtschaftskartoffel verarbeitet.

Paterson's Victoria

Herkunft: schottische Sorte des Züchters William Paterson von 1863;
Abstammung: Sämlingsselektion aus der Sorte „Fluke“;
Knollen rundlich, gelbschalig mit violettem Augenfleck, tiefe Augen, ein Massenträger, meist mittelgroße und viele kleine Knollen; relativ unempfindlich gegen Krautfäule.
Hat keinen besonderen Speisewert, aber historisch eine der ersten ausgelesenen Sorten nach der Krautfäuleepidemie 1845–50, dies gab den Züchtern Hoffnung, durch Auslese neuer Sorten die Krankheitsanfälligkeit zu verringern. Die Sorte „Victoria“ wurde oft von anderen Züchtern für die Einkreuzung benutzt.

Pompadour

Herkunft: moderne Sorte aus Frankreich, Zulassung 1992;
Abstammung: aus „Roseval" X „BF 15";
lange bis langovale nierenförmige Knollen mit gelber, glatter Schale, Fleisch gelb, fest kochend, Reife mittelspät;
krebsfest.
Aus zwei erfolgreichen Elternsorten entstanden.

Rotkehlchen

h

Herkunft: DDR 1962–1984, Züchter A. Mengdehl, Lindenhof;
Abstammung: Li. 1537/48 X Pollengemisch (362/45 X Hilla);
Knollen rundoval, Schale ocker, glatt, Augen mitteltief, leicht rötlich, Fleisch gelb, vorwiegend fest kochend, Blüte weiß, häufig, Reife mittelfrüh, hohe Erträge, produziert wenige, recht große Knollen, Stärke- und Futterkartoffel;
krebsfest, gute Virusresistenzen.
Mengdehl war Züchter der so genannten „Vogel"-Sorten der Zuchtstation Lindenhof, diese virusresistenten Sorten lösten in den 60er Jahren altbewährte Sorten der DDR ab, andere Sorten waren „Amsel" (1956–1984), „Drossel" (1956–1970), „Zeisig" (1957) und „Spatz" (1958–1968).

Sieglinde

Herkunft: deutsche Sorte der Kartoffelzucht Böhm, Lüneburg, von 1935;
Abstammung: Zuchtstamm X Juli;
Knollen langoval bis nierenförmig, Schale gelb, glatt, Augen flach, Fleisch gelb, fest kochend, Blüte weiß, Reife früh, guter Speisewert; krebsfest.
In der deutschen Sortenliste die älteste zugelassene Sorte, beliebte Frühsorte, Anbau im Hausgarten lohnend, wird in Mittelmeerländern angebaut und als Frühkartoffel importiert.

Up to Date

Herkunft: Sorte des schottischen Züchters Findlay, 1894 eingeführt;
Abstammung: aus Blue Don X Patersons Victoria;
Knollen gleichmäßig oval, abgeflacht, Schale gelb, Fleisch hellgelb, wachsig, vorwiegend fest kochend, Blüten hellviolett mit weißen Zipfeln, reichblühend, Reife spät, hohe Erträge; anfällig für Krautfäule, krebsanfällig,
Ein Klassiker im Sortiment, zur damaligen Zeit eine erfolgreiche Sorte, da die Knollen sehr gleichmäßig sind mit flachen Augen, wachsigem Fleisch, wegen ihrer Speisequalität in England heute noch geschätzt.

Weinberger Schloßkipfler

h

Herkunft: Sorte der Oberösterreichischen Landes-Saatbaugenossenschaft von 1962;
Abstammung: Sämling einer Kipfler-Landsorte;
Knollen kipflerartig gebogen, nierenförmig, mit vielen, eher kleinen Knollen, Schale ockergelb, Fleisch hellgelb, Augen flach, fest kochend, Blüte weiß, Reife mittelspät; relativ anfällig gegen Krautfäule.
Sorte baut schnell ab, Zwischenvermehrung durch Stecklinge ratsam.

Cusoi

h

Herkunft: Peru;
Abstammung: unbekannt;
Schale rot, Knollen rund mit tiefen Augen, mittelgroß, Fleisch gelb, fest kochend.

Desiree

Herkunft: Holland 1962, Sorte der B. V. ZPC;
Abstammung: aus Urgenta X Depesche;
Knollen ovalrund, relativ groß, Schale kräftig rot, glatt, Augen flach, Blüte rosa, Fleisch hellgelb, vorwiegend fest kochend, Reife mittelfrüh; krebsfest.
Eine der in Europa verbreitetsten rotschaligen Sorten, hat sich auch in Mittelgebirgslagen bewährt.

Early Rose

h

Herkunft: USA 1861, Züchter Albert Bresee, Vermont, 1867 aus dem amerikanischen Sortiment nach Europa gekommen;
Abstammung: Sämling aus der Sorte „Garnet Chile" entstanden;
„Frühe Rosenkartoffel", große rosa Knollen, länglichrund bis plattoval, dünnschalig, Augen meist am Kronenende gehäuft, Fleisch hellgelb bis weiß, Blüte weiß, mehlig kochend, Reife früh;
krebsanfällig, anfällig für Krautfäule und Virosen.
In ihrer Zeit eine erfolgreiche Sorte, war an der Entstehung vieler Frühsorten beteiligt.

Kerr's Pink

Herkunft: Schottland 1907, Züchter James Henry (Henry's seedling), 1917 benannt von Mr. Kerr, einem Saatguthändler, der ihre Werteigenschaften erkannte und sie umbenannte;
Abstammung: aus Fortyfold X Smith's Early;
Knollen flachrund, etwas höckerig, Schale rosa, Augen dunkler, recht tief, Fleisch hellgelb, mehlig kochend, Blüte weiß, Reife spät; krebsfest.
War in England nach dem Ersten Weltkrieg eine sehr erfolgreiche Sorte, 50 Jahre unter den Top Ten, in Irland noch häufig angebaut, bringt auf allen Böden gute Erträge.

King Edward VII & Red King Edward VII

Herkunft: englische Sorte des Züchters J. Butler, seit 1902; **Abstammung:** aus Magnum Bonum X Beauty of Hebron; Knollen oval bis birnenförmig, recht groß fallend, Schale ocker mit roten Augenflecken, Fleisch hellgelb, vorwiegend fest kochend, Augen flach, Blüte rosa, sehr selten, Reife mittelspät; krebsanfällig.

Sorte mit gutem Speisewert, Fleisch bleibt nach dem Reiben und Kochen hell, auch heute noch in England als Folienkartoffel populär, wegen der gescheckten Schale in England gerne in Landwirtschaftsschauen ausgestellt, Erntemengen können schwanken.

„Red King Edward VII" ist eine Mutante aus der Sorte mit roter Schale und gelber Fleckung, die 1916 auftrat, sonstige Eigenschaften wie die Sorte „King Edward".

Linzer Rose

Herkunft: österreichische Sorte von 1969, der Oberösterreichischen Landes-Saatbaugenossenschaft;

Abstammung: aus Goldsegen X Desiree;

Schale rot, glatt, Knollen langoval, sehr ebenmäßig, Augen flach, Fleisch gelb, große rosa Blüten, Ertrag mittel, aber sicher, vorwiegend fest kochend, Reife mittelfrüh; widerstandsfähig gegen Krautfäule und Schorf, krebsfest, virustolerant.

Lässt sich ohne Abbauerscheinungen über lange Jahre nachbauen.

Pentland Beauty

Herkunft: Schottland, Pentlandfield/Edinburgh, 1955;

Abstammung: Craigs Royal X (S. demissum X S. ryb. X Handelssorte);

Knollen oval, Schale gelb mit großen roten Augenflecken, Augen mitteltief, Fleisch hellgelb, vorwiegend fest kochend.

Da sie beim Kochen leicht zerfällt, nicht populär in der Küche, wegen der hübschen Schalenzeichnung aber beliebt für Ausstellungen.

Piroschka

Herkunft: Sorte aus Österreich, 1981–1988;
Abstammung: aus (Linzer Rose X SL 63/63) X Stamm 12/70;
Knollen oval bis lang, Schale rot, Fleisch hellgelb, fest kochend, Blüte rotviolett, Reife mittelfrüh; krebsfest, mittlere Anfälligkeit gegen Krautfäule.

Red Cardinal

Herkunft: englische Sorte von 1920;
Abstammung: unbekannt;
Synonym „Highland Burgundy Red“, Laub hoch, legt sich nieder, Stängel rötlich, Knollen langoval, eher klein, Schale dunkelrot, oft rauh, Fleisch rot mit weißer Rinde, mehlig kochend, Reife mittelspät, Ertrag gering.
Diese Sorte besaß nie wirtschaftliche Bedeutung, hat keine guten Speiseeigenschaften und eine schwer zu vermarktende Fleischfarbe, nur bei Liebhabern verbreitet, da sie eine der seltenen rotfleischigen Sorten ist.

Reichskanzler

Herkunft: deutsche Sorte des Züchters Richter;
Abstammung: Sämling X Daber;
Knollen rundoval, Schale rot bis hellrot, rauh, Augen mitteltief, Fleisch weiß, Blüten rot, reichblühend, Reife mittelspät, mehlig kochend, mit geringer Roh- und Kochverfärbung, gut lagerfähig; feldresistent gegen Krebs, widerstandsfähig gegen Schorf.

Rode Eersteling

Herkunft: „Roter Erstling“, eine Sorte des Züchters Sim, Schottland, heißt eigentlich „Red Duke of York“, 1942;
Abstammung: als rotschalige Mutante der gelbschaligen „Duke of York“ (Erstling, Holländer Erstling) entstanden;
Schale dunkelrot, genetzt, Knollen rundoval, Fleisch gelb, vorwiegend fest kochend, Reife früh, Laub im Austrieb dunkelrot mit Zierwert, später weniger pigmentiert, Blüten selten, rosa; sehr krautfäuleanfällig, krebsanfällig. Trotzdem eine attraktive frühe Speisekartoffel.

Rosa Tannenzapfen

h

Herkunft: D, GB, B, F, „Pink Fir Apple“ (englische), in Belgien „Ziegenhörnchen“ („Corne du Gatte“) genannt, in D „Tannenzapfen“, „Angeliter Tannenzapfen“, vor 1850 bekannt;
Abstammung: unbekannt, Landsorte;
Knollen lang, fingerförmig, Knollenende spitz, zu Verwachsungen neigend, mit rosa Schale, tiefe Augen, Fleisch hellgelb, fest kochend, wachsig, die Knollen sitzen dicht unter der Oberfläche an kurzen Ausläufern, es ist unmöglich, die verwachsenen Knollen zu schälen, daher am besten nur als Pellkartoffel kochen. Reife mittelspät, anfällig für Krautfäule.
Eine der ältesten Sorten, die in England noch kommerziell im Anbau ist, wurde schon vor 1850 erwähnt. In Putsche (1919) werden Tannenzapfen oder Zapfenkartoffeln beschrieben und auch im „Kartoffelbau“ von H. Werner 1919 unter der Rubrik „Schuppenkartoffeln“ mit gelber oder roter Schale, in Angeln (Landschaft in Schleswig-Holstein) wurde diese Sorte noch von einem Landwirt erhalten, einige werden im Freilichtmuseum am Kiekeberg angebaut und wurden in die „Arche“ des Vereins „Slow Food“ aufgenommen, um sie vor dem Aussterben zu bewahren.

Rosara

Herkunft: deutsche Sorte der SaKa Ragis, Pflanzenzucht/Hamburg von 1991;
Abstammung: Secura X 2605/77;
Knollen oval bis langoval, Schale rot, dünn, glatt, Augen flach, Fleisch gelb, vorwiegend fest kochend, Reife sehr früh, Blüte rosa; krebsfest, gute Schorfffestigkeit.
Eigentlich zu modern für diese Aufzählung, aber wegen ihrer schönen Knollen und guten Anbaueignung für den Hausgarten beschrieben, exzellente Frühsorte.

Roseval

Herkunft: französische Sorte von 1950;
Abstammung: aus Vale X Rosa;
Knollen langoval, Schale kräftig rot, dünn, glatt, gelbes, wachsiges Fleisch, vorwiegend fest kochend, Reife mittelspät, liefert gute Erträge.

Wohltmann (Professor Wohltmann) h

Herkunft: deutsche Sorte von 1895, Züchter Cimbal;
Abstammung: aus Daber X Erste von Frömsdorf;
Knollen rundoval, mittelgroß, Schale rot, Fleisch hellgelb, mehlig kochend, Augen mitteltief, Blüte hellviolett mit weißen Zipfeln, wenig, Reife spät, Speise- und Wirtschaftskartoffel; anfällig für Krebs und Krautfäule.

Zwiebler h

Herkunft: Deutschland, Österreich, vor 1885;
Abstammung: unbekannt, Landsorte;
Zwiebel-Kartoffel, eine der ältesten Liebhabersorten, Knollen rund, Kronenende etwas eingetieft, Augen mitteltief, Schale rosa, rauh, Fleisch weiß, mehlig kochend, Blüte hellviolett.
Bei Vilmorin 1885 ist eine „sächsische Zwiebelkartoffel“ beschrieben. Werner (1919) unterscheidet eine weißfleischige und eine gelbfleischige Zwiebelkartoffel.

Arran Victory

Herkunft: Schottland 1918, Züchter Donald Mackelvie, auf der Insel Arran;
Abstammung: Sämling der Sorte Suttons' Abundance;
Knollen rundoval bis birnenförmig, etwas platt, Schale kräftig lila, glatt, Fleisch weiß, mehlig kochend, Blüte weiß, kräftiges Laub mit großen Blättern, Reife mittelspät, gut lagerfähig; krebsfest, insgesamt aber recht widerstandsfähig. Populär in Irland und Schottland.

Blaue Ajanhuiri

Herkunft: Peru, Südamerika;
Abstammung: Solanum ajanhuiri, knollenbildende, kultivierte Kartoffelart, 2x = 24;
Knollen lang mit stumpfen Enden, mittelgroß bis klein, sehr geringer Ertrag, tiefe Augen, Schale schwarzblau, Fleisch blau-weiß marmoriert, Knollen sitzen an langen Tragfäden, eine an Kurztage angepasste Form, daher bei uns sehr spät reifend, toleriert Frost.
Ob diese Herkunft mit der französischen Sorte „Vitelotte" identisch ist bzw. „Vitelotte" zum Formenkreis ajanhuiri gehört, kann nur durch Feststellung der Chromosomenzahl geklärt werden.

Congo

h

Herkunft: Skandinavien, Norwegen, Schweden;
Abstammung: unbekannt;
Knollen oval, mittelgroß bis groß, Augen flach, Schale dunkelblau, Fleisch blau mit weißer Rindenschicht, mehlig kochend, Blüte blau, recht häufig, Reife mittelspät.
Auch „Kongo" oder „Blaue Kongo", „Blaue Schweden", die Sorte wird in Skandinavien als Gemüsekartoffel angebaut.

Edzell Blue

Herkunft: schottische Landsorte aus dem Distrikt Edzell an der Ostküste, vor 1890 bekannt;
Abstammung: Landsorte;
Knollen rundlich mit tiefen Augen, Schale violett, genetzt, Fleisch hellgelb, mehlig kochend, Blüte weiß, Reife mittelfrüh, beliebt für Ausstellungen;
krebsfest, sehr anfällig für Krautfäule, anfällig für Schorf und Virosen.

Färberkartoffel

h

Herkunft: Österreich;
Abstammung: unbekannt;
Knollen zylindrisch langoval, Enden stumpf, tiefe Augen, Schale schwarzblau, Fleisch dunkelblau marmoriert, mehlig kochend.
Blaufleischige Sorten wurden von den Indios in Peru tatsächlich zum Färben von Stoffen benutzt. Das Anthocyan ist heute wieder als Lebensmittelfarbstoff interessant. Unter dem Namen Färberkartoffel werden bei Sammlern verschiedene Formen dunkelblauer Knollen geführt, es werden auch runde Knollen beschrieben.

Kepplestone-Kidney

h

Herkunft: ca. 1920 aus England (?);
Abstammung: unbekannt;
Knollen lang, nierenförmig, Schale blau, glatt, Fleisch gelb, fest kochend, Reife früh.

Linzer Blaue

h

Herkunft: österreichische Sorte;
Abstammung: unbekannt;
Knollen oval, mittelgroß bis groß, Schale dunkelblau, Fleisch blau mit weißer Rinde, mehlig kochend, Blüten blau;
auf sandigen Böden anfällig für Schorf, sonst ertragssicher.
Nach Auskunft von Frau Arrowsmith (Arche Noah) hat der Sohn des Kefermarkter Bürgermeisters, er war Matrose, eine blaue Sorte aus New Orleans, USA, mit nach Österreich gebracht. Sie wurde unter dem Namen „Linzer Blaue“ in der Zuchtstation Kefermarkt weitervermehrt. Sie fand von hier aus unter verschiedenen Namen wie „Blaue Mauritius“, „Gföhler Blaue“ oder „Violetta“ ihre Verbreitung. Blaue Sorten in den USA sind „All Blue“ und „Blue Marker“.
Diese blauschaligen und -fleischigen Sorten sind in ihren Eigenschaften sehr ähnlich, wenn nicht sogar identisch, siehe „Congo“.

Long Blue

h

Herkunft: Sorte aus Kuba;
Abstammung: unbekannt;
Knollen langoval, mittelgroß bis groß, Schale dunkellila, Fleisch hellgelb, mehlig kochend.

Mary Mitchel's Purple Baker

h

Herkunft: USA, Seed Savers Exchange;
Abstammung: unbekannt;
Synonyme „Mrs. Moerles Purple Baker", „Purple Baker", Schale lilarot, glatt, Knollen langoval, mittelgroß, Fleisch hellgelb, mehlig kochend, Augen flach, Reife mittelspät. Sorte ähnlich wie „Long Blue".

Odenwälder Blaue

h

Herkunft: deutsche Sorte des Züchters Böhm, Großbibe-rau/Odenwald, von 1908;
Abstammung: Sämling der Sorte „Wilhelm Korn";
Knollen rundlich mit tiefen Augen, Schale violett, glatt, Fleisch hellgelb, mehlig kochend, die Schalenfarbe verblasst beim Kochen, Blüte blassblau mit weißen Zipfeln, Reife mittelspät; krebsanfällig.

Schwarz-Blaue aus dem Frankenwald

h

Herkunft: Deutschland, Franken;
Abstammung: Landsorte;
Knollen rundlich, mittelgroß bis klein, Schale schwarzblau, genetzt, rauh, Fleisch hellgelb, mehlig kochend;
auf leichten Böden anfällig für Schorf und Eisenflecken.

Shetland Black

h

Herkunft: Sheltand-Inseln, vor 1900;
Abstammung: unbekannt, Landsorte;
Knollen rundlich, Schale violett, Fleisch hellgelb, mit lila Ring, Reife mittelfrüh.

Skerry Blue

h

Herkunft: USA, Irland vor 1846;
Abstammung: unbekannt;
Knollen rund bis oval, ziemlich unförmig, tiefe Augen, Schale kräftig lila, Fleisch weiß, manchmal blaue Flecken, Reife mittelspät, eine alte Sorte, die die Krautfäuleepidemie 1845–48 überlebte, war nie populär, überstand in einer Nische die Jahrhunderte, da sie wegen ihrer Speisequalität geschätzt wurde.

Violette d'Auvergne

h

Herkunft: französische Sorte, die in den Bergen der Auvergne angebaut wird;
Abstammung: unbekannt, Landsorte;
Knollen rundlich bis birnenförmig, Schale lila, verblasst beim Kochen, Augen tief, Fleisch weiß, mehlig kochend; neigt zu Eisenflecken.

Vitelotte

Herkunft: alte französische Landsorte aus dem Loire-Gebiet, die heute noch in Südfrankreich angebaut wird, seit ca. 1850 bekannt, soll aus Peru stammen;
Abstammung: unbekannt (S. ajanhuiri?);
Knollen oval bis lang mit stumpfem Ende, mittelgroß bis klein, tiefe Augen, Schale schwarzblau, Fleisch blauweiß marmoriert, mehlig-mürbe, sehr trocken, nach dem Kochen Fleischfarbe frisch lila, Blüte weiß, Stengel dunkel gefärbt, Reife spät, erst Mitte Oktober.
Andere Namen sind „Negresse", „Trüffe de Chine", „Blaue französische Trüffelkartoffel", „Trüffelkartoffel", auch als Solanum ajanhuiri bezeichnet. Tatsächlich sind die dunkelblauen, fast schwarzen länglichen Knollen einer Trüffel nicht unähnlich. In Frankreich serviert man diese Köstlichkeit kalt als Pellkartoffel mit einer Sauce Vinaigrette mit Petersilie und Zwiebeln. Die Stauden produzieren nur wenige Knollen und benötigen im Sommer ausreichend Feuchtigkeit, daher besseren Ansatz auf Lehmböden. Es ist offenbar eine kurztagangepasste Form aus Südamerika, könnte zur Formengruppe S. ajanhuiri gehören, was sich nur an Hand der Chromosomenzahl feststellen lässt. In Peru und Bolivien werden Sorten dieser Art in Höhen um 4000 m angebaut, da sie frosttolerant sind. Für viele die Königin unter den Liebhabersorten.

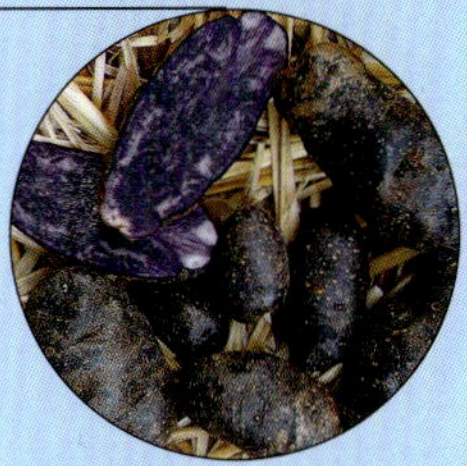

Kartoffelanbau im Hausgarten

Die Kartoffel ist von allen Gemüsearten am einfachsten in ihrer Kultur und auch Gartenanfängern zu empfehlen.

Klima und Boden

Die Kartoffel zeigt wie kaum eine andere Pflanze eine ungewöhnlich gute klimatische Anpassungsfähigkeit. Im Norden Europas wird sie noch um Hammerfest in Lappland und den Faröer angebaut. Im Süden wächst sie auch in den subtropischen Gebieten Nordafrikas bis Indien.

Im Boden ist sie nicht wählerisch, nur staunasse und schwere Böden eignen sich nicht für die Kultur. Schwere Böden sind nass und kalt, die Kartoffel wird dort leicht von Krankheiten befallen. Am besten eignen sich milde Lehm- sowie sandige Lehm- und lehmige Sandböden. Sie erwärmen sich im Frühjahr schnell und sind leicht zu bearbeiten. Auch auf torfigen Böden können Kartoffeln angebaut werden, wenn für einen Wasserabzug gesorgt ist.

Die Kartoffel gehört zu den Hackfrüchten. Durch das Hacken wird das Unkraut entfernt, was sonst die jungen Stauden überwächst und ihnen Licht und Nährstoffe nimmt. Auf leichten Böden hält das Hacken das Wasser im Boden. Es lockert und durchlüftet schwere Böden.

Düngung

In der Einteilung von stark, mittelstark und schwach zehrendem Gemüse nimmt die Kartoffel eine Position zwischen Stark- und Mittelzehrern ein. Auf reichlich Stickstoff reagiert die Kartoffel zwar mit Ertragszuwachs, doch führt eine überhöhte Stickstoffgabe zu mastigen Pflanzen mit weichen Blättern. Dadurch sind sie für Krankheiten anfällig, Geschmack und Lagereigenschaften verschlechtern sich. Im Hausgarten ist weniger daher oft mehr.

Kartoffeln eignen sich gut, um Nährstoffüberschüsse im Boden abzubauen, vertragen aber keinen frisch mit organischem Dünger versorgten Boden.

Bei einer Düngung mit Stallmist wird dieser im Herbst untergegraben. Bis zum Frühjahr hat er sich so weit zersetzt, dass die jungen Pflanzen mit ausreichenden Nährstoffen versorgt werden. Abgelagerter Kompost kann im Frühjahr eingearbeitet werden.

Bei Verwendung von mineralischen Düngern wird meist ein Volldünger mit den drei Hauptnährstoffen Stickstoff, Phosphor und Kali gewählt. Es können 50–70 g/qm Volldünger blau in zwei Gaben eingearbeitet werden, die zweite kann als Kopfdüngung zwischen die Reihen ausgebracht werden. Bei vorausgegangener organischer Düngung sollte die Düngergabe mit mineralischem Dünger halbiert werden.

Das Kartoffelbeet nicht kalken, die Kartoffel zieht einen leicht sauren Boden vor.

Wer einen Überblick über den Nährstoffgehalt seines Gartenbodens bekommen möchte, kann eine Bodenprobe bei den regionalen Untersuchungsanstalten gegen eine geringe Gebühr analysieren lassen und bekommt eine Düngeempfehlung.

Wasserversorgung

Wasser benötigt die Kartoffel nicht viel. Die meiste Feuchtigkeit wird während des Knollenwachstums im Sommer benötigt. Bei anhaltender Trockenheit bleiben besonders auf leichten Böden die Knollen klein. In solchen Perioden kann eine Bewässerungsmöglichkeit von Vorteil sein.

Fruchtfolge

Die Kartoffel kann nach jeder Frucht gebaut werden. Wegen ihrer bodenverbessernden Eigenschaften eignen sich Kartoffeln zur ersten Bebauung eines jungen Gartens. Obwohl Kartoffeln selbstverträglich sind, sollten sie nur alle drei bis vier Jahre auf dem gleichen Beet gepflanzt werden, um bodenbürtigen Krankheiten vorzubeugen. Die enge Nachbarschaft zu Tomaten sollte gemieden werden, da beide Pflanzen von Krautfäule befallen werden können.

Eine gute Vorkultur zu Kartoffeln sind Leguminosen wie Erbsen und Bohnen, die in Symbiose mit an den Wurzeln lebenden Knöllchenbakterien Stickstoff aus der Luft sammeln. Im Herbst das Kraut der Leguminosen abschneiden und die Wurzeln im Boden belassen. Die oberirdischen Pflanzenteile auf den Beeten ausbreiten. Sie bedecken den Boden über Winter und verrotten. Im nächsten Frühjahr einarbeiten. Gründüngungspflanzen wie Senf, Ölrettich oder Phacelia werden im Spätsommer ausgesät. Bei Einarbeitung im Herbst liefern sie ebenfalls einen Teil des Nährstoffbedarfs und schützen im Winter die unbedeckten Beete vor Nährstoffauswaschungen.

Die Kartoffel ist eine sehr gute Vorfrucht für alle Gemüse. Nach der Kartoffelernte ist der Boden gut gelockert und frei von Unkraut. Für die Nachkultur im Herbst eignen sich z.B. Feldsalat, Melde, Winterportulak oder Stielmus mit kurzen Kulturzeiten.

Den Spätfrost überlisten

Eine zeitige Frühkartoffelernte erfordert einen Standort mit zeitigem Frühjahrsbeginn, leicht erwärmbarem Boden und geringer Spätfrostgefahr.
Geeignete Frostschutzmaßnahmen sind Anbau unter Folienabdeckung und starkes Anhäufeln.
Der Anbau unter Folie schützt nicht nur gegen Spätfrost, sondern gleichzeitig wird die Pflanzenentwicklung beschleunigt. Unter perforierter Schlitz- oder Lochfolie erfolgt eine Erhöhung der Luft- und Bodentemperatur im März von 1–3 °C im April von 3–5 °C gegenüber dem Freiland. Die Folie bleibt so lange auf dem Beet, bis keine Nachtfrostgefahr mehr besteht. Auf perforierte Folie kann sogar beregnet werden.
Durch starkes Anhäufeln werden die Triebe und Blätter teilweise mit Erde bedeckt. Falls ein Teil des Krautes abfriert, regenerieren die Sprosse aus den abgedeckten Trieben.

Pflanzzeit

Kartoffeln können in unseren Breiten ab Mitte April bis Anfang Mai ausgepflanzt werden, wenn der Boden sich bereits etwas erwärmt hat. Eine spätere Pflanzung Mitte bis Ende Mai ist auch möglich. Das Auftreten von Spätfrösten ist zu beachten, da das Kraut der Kartoffeln leicht erfriert.

Gegen Erfrieren der oberirdischen Teile im Frühjahr schützt man sich durch spätes Legen. Bei Legen Ende April erscheinen die Triebe erst über der Erde, wenn ab Mitte Mai die Frostgefahr in mittleren Lagen vorbei ist.

Gepflanzt werden Knollen von mittlerer Größe (50–80 g, 4–6 cm dick. bei Kipfler-Sorten kleiner). Um einen raschen und gleichmäßigen Aufgang zu erreichen, sollen die Knollen drei bis vier Wochen vor dem Pflanzen an einem hellen Ort bei Temperaturen von 12–15 °C vorgekeimt werden.

Optimal vorgekeimte Pflanzkartoffeln

Vorkeimen

Die Kartoffelarbeit beginnt mit nahendem Frühjahr Anfang März mit dem Vorkeimen. Die im Dunkeln an den Knollen gewachsenen langen Keime sind ungeeignet und werden vorsichtig abgedreht. Die Knollen nun mit den Augen nach oben dicht nebeneinander in flache Kisten oder Eierkartons legen und hell, aber nicht sonnig, bei Temperaturen von 10–15 °C aufstellen. Innerhalb von drei Wochen bilden sich 1–3 cm lange, gedrungene Keime, an denen schon Blättchen und Wurzelanlagen zu erkennen sind. Durch das Vorkeimen erhalten die Knollen einen Entwicklungsvorsprung von etwa zwei Wochen gegenüber nicht vorgekeimten.

Vorbewurzelung

Einen weiteren Entwicklungsvorsprung bietet die Kombination von Vorkeimung und Vorbewurzelung. Es ist mit einem höheren Arbeitsaufwand verbunden, doch mit so vorbehandelten Knollen lässt sich ein Entwicklungsvorsprung von ca. vier Wochen verglichen mit nicht bewurzelten Knollen erzielen.

Wenn die Lichtkeime der Kartoffeln 15–20 mm lang sind, werden die Knollen vorsichtig in einen dickflüssigen Brei aus Lehm und Komposterde getaucht. Um die Knollen soll sich eine 2–3 mm starke Schicht anlagern. Diese eingeschlämmte Pflanzkartoffel legt man in mit feuchtem Kompost gefüllte Stiegen und deckt sie mit Erde ab. Dadurch wir die Wurzelbildung gefördert. Die Kisten werden hell bei 6–8 °C aufgestellt. Alle fünf bis sechs Tage muss die Komposterde vorsichtig gegossen werden. Durch die Behandlung bildet sich ein Wurzelballen an den Knollen. Die Pflanzung im Beet muss entsprechend vorsichtig erfolgen, um keine Wurzeln oder Keime abzubrechen. Die Knollen sollen in einen gut erwärmten Boden gepflanzt werden, damit keine Wachstumsstockung eintritt.

Pflanzung

Gepflanzt wird in Kartoffeldämme. Dazu wird die Erde mit einem Kartoffelpflug oder einer Hacke 20 cm hoch angehäufelt. Der Reihenabstand beträgt 70 cm. Idealerweise sollte der Damm in Ost-West-Richtung verlaufen. Die Sonne erwärmt die große Oberfläche schnell und der Boden trocknet besser ab. In der Reihe werden die Pflanzlöcher mit einer Pflanzschaufel in 35 cm Abstand ausgehoben und die vorgekeimten Knollen mit den Keimen nach oben hineingelegt und zugeworfen. Die Pflanztiefe beträgt ca. 20 cm. Bei alten Sorten ist zu berücksichtigen, dass sie im Laub oft höher werden als die modernen Sorten und daher einen grösseren Pflanzabstand benötigen.

Eine andere Möglichkeit ist das Legen in eine 10 cm tiefe Furche, die anschließend mit einem niedrigen Damm überbaut wird. In schweren Böden wird flacher gepflanzt. Sind die Stauden ca. 20 cm hoch, häufelt man sie an. An den mit Erde zugeworfenen Sprossen bilden sich zusätzliche Wurzeln und Tochterknollen.

Kartoffeldämme schon im Herbst ziehen

Die Kartoffel braucht einen abgetrockneten und erwärmten Boden, wenn sie zügig wachsen und nicht verfaulen soll. Eine Erwärmung kann man auf schweren, nassen Böden erreichen, wenn man die Kartoffeldämme bereits im Herbst zieht. Der Frost bricht den schweren Boden auf und macht ihn krümelig. Aufgrund der großen Oberfläche und Neigung zur Sonne trocknen die Dämme im Frühjahr schneller und werden besser erwärmt als eine ebene Fläche. Die Dämme sollen etwa 20 cm hoch aufgeworfen werden. Durch die Dammbildung im Herbst kann die Pflanzung um sechs bis zehn Tage vorverlegt werden. Im Frühjahr braucht man die durch Niederschläge abgeflachten Dämme nur etwas nachziehen und die Pflanzlöcher ausheben, um die vorgekeimten Knollen hineinzulegen.

Kulturmaßnahmen

Recht sorgfältig soll das Anhäufeln ausgeführt werden. Die Stauden sollen erstarkt sein, die Erde gut locker, sodass sie sich um den unteren Stängelteil herumlegt. Bei ca. 20 cm Krauthöhe wird angehäufelt. Dadurch wird die Bildung von Seitenwurzeln und zusätzlichen Stolonen angeregt, was die Erntemenge erhöht. Nach zweimaligem Anhäufeln sollten die Stauden in ihrer Entwicklung nicht mehr gestört werden. Aufwachsendes Unkraut kann mit der Hand gezogen werden. Frei liegende Knollen mit Erde zudecken, damit sie nicht ergrünen. Außer einer Wassergabe in trockenen Sommern und Kontrolle auf Krankheiten und Schädlinge hat der Gärtner jetzt eine Arbeitspause.

Unkraut

Unkrautwachstum bedeutet für die Kartoffeln Konkurrenz um Licht, Nährstoffe und Wasser. Gerade während des Jugendwachstums der Stauden ist der Bestand durch Hacken unkrautfrei zu halten. Durchhacken und anhäufeln kann in einem Arbeitsgang passieren. Ist das Laub der Kartoffeln ausgewachsen und hat sich über den Reihen geschlossen, dämmt es selbst das Unkrautwachstum ein. Die sich entwickelnden Knollen sollten nicht freigehackt werden, da sie sonst ergrünen.

Ernte

Frühkartoffeln können ab Anfang Juli geerntet werden, selbst wenn das Kraut noch grün ist. Da der Ertragszuwachs pro Tag relativ hoch ist, sollen immer nur so viele Knollen geerntet werden, wie frisch in der Küche verbraucht werden.

Späte Kartoffeln sind erntereif, wenn das Kraut vollkommen abgestorben ist und die Schalen so fest sind, dass sie sich mit dem Finger nicht mehr abrubbeln lassen. Das ist ab Mitte September der Fall. Geerntet wird bei trockenem Wetter. Mit einer Kartoffelhacke oder Grabegabel wird der Damm zur Seite geworfen, die Knollen lassen sich leicht von den Tragfäden abschütteln. Mechanische Beschädigungen der Knollen bei der Ernte sind möglichst zu vermeiden. Die Kartoffeln sollen einige Stunden auf der Erde abtrocknen. Vor dem Einlagern wird die Ernte nach kleinen, mittleren und großen Knollen sortiert. So hat man für die Küche immer die richtige Größe parat.

Man sollte gleich jetzt daran denken, gesunde, sortentypische, mittelgroße Knollen als Pflanzkartoffeln für das folgende Jahr zur Seite zu legen, damit die Erhaltung der seltenen Sorten gesichert ist.

Die Kartoffelkiste: Anbau auf kleinstem Raum

Auch ohne einen großen Garten oder nur mit Balkon oder Terrasse kann man Kartoffeln anbauen: in der Kartoffelkiste. Mit Brettern oder Rundhölzern wird wie für eine Kompostkiste eine quadratische oder rechteckige Kiste aufgebaut. Zum Auffüllen nimmt man gute Gartenerde gemischt mit reifem Kompost. Die Erde sollte ca. 20 cm hoch in die Kiste geschichtet werden. Hier hinein wird gepflanzt. Sind die Pflanzen eingewachsen und ist das Kraut 20 cm hoch, legt man weitere Bretter um die Kiste und füllt mit Erde auf. Die Sprosse werden so angeregt, mehr Seitentriebe und Knollen zu bilden. Dies kann wiederholt werden, wenn die Pflanzen weiter hochgewachsen sind. Am Ende der Wachstumszeit kann die Kartoffelkiste 40–50 cm hoch aufgeschichtet werden. So kann auf engstem Raum eine stattliche Menge Kartoffeln geerntet werden.

Lagerung der Kartoffeln

Kartoffelknollen leben und atmen, es muss stets Luft im Lagerraum zutreten können, sonst entsteht Schwitzwasser. Keinesfalls in Plastiktüten aufbewahren. Kleine Mengen Speisekartoffeln können in offenen Papiertüten lagern, bewährt hat sich bei größeren Mengen eine lose Lagerung auf Lattenrosten oder Kartoffelkisten aus Latten. Der Raum sollte kühl und dunkel, aber frostfrei, sein mit einer Temperatur von bei 4–6 °C. In einem warmen Keller fangen die Knollen sehr zeitig an zu keimen. Räume, in denen Äpfel, Zwiebeln oder anderes Gemüse lagert, eignen sich nicht für Kartoffeln. Die reifenden Früchte regen sie zur frühen Keimung an.

Im Freiland in Erdmieten gelagerte Kartoffeln deckt man mit einer Strohschicht von 20 cm ab. Bei zu kalt

aufbewahrten Kartoffeln macht sich ein süßlicher Geschmack bemerkbar.

Für die Lagerung der Pflanzkartoffeln gelten die gleichen Bedingungen. Man sollte sie gleich von den Speisekartoffeln getrennt aufbewahren. Am besten übersichtlich ausgelegt und in alten Obststeigen mit Namen versehen. Knollen, die zum Pflanzen gedacht sind, nie mit keimhemmenden Pulvern behandeln! Über Winter die Steigen auf kranke Knollen kontrollieren und das Keimverhalten beobachten.

Pflanzgut

Pflanzkartoffeln werden in Raiffeisenmärkten, Obstmärkten oder Versandgärtnereien im Frühjahr ab Februar angeboten. Beim Kauf sollte man auf gesunde Knollen und die amtliche Zulassung der Partie achten. Anerkanntes Pflanzgut ist die Gewähr für einen gesunden Kartoffelbestand.

Hat man selbst einige alte Sorten angepflanzt, ist man auf die Erzeugung von eigenem Pflanzgut angewiesen. Um gesunde, sortentypische Knollen auszuwählen, sollte der Bestand schon während des Wachstums beobachtet werden. Besonders wichtig ist, dass die Stauden keine Symptome von Viruserkrankungen wie Blattrollen oder Mosaik aufweisen. Gesunde Stauden dann mit einem Stock oder Bindfaden markieren, mittelgroße Knollen dieser Stauden werden dann als Pflanzkartoffeln für das Folgejahr zurückgelegt. Pflanzknollen sollten besonders gut ausreifen.

Ein Angrünen der Pflanzknollen macht sie im Lager widerstandsfähiger gegen Pilzkrankheiten, die Keimbereitschaft über Winter wird herabgesetzt und das Auflaufen im Frühjahr wird einheitlicher. Dazu lässt man die gerodeten Pflanzknollen 10–14 Tage bei diffusem Tageslicht liegen, bis die Schale sichtbar ergrünt ist. Die weitere Lagerung erfolgt wie die der Speisekartoffeln kühl und dunkel bei 4–6 °C.

Pflanzknollen schneiden und „äugeln"

Das Schneiden von Pflanzknollen ist nicht zu empfehlen, wenn ausreichend Knollen vorhanden sind. Es war früher notwendig, wenn der Kartoffelvorrat im Frühjahr zur Neige ging, um noch Kartoffeln für die Nahrung oder Fütterung zu retten. Die Gipfelhälfte, auf der die meisten Knospen liegen, wird gepflanzt, während das Schnittstück mit dem Nabelende zum Essen diente. Ist eine Verwendung von geschnittenen Knollen nicht zu vermeiden, sind dieselben erst zum Abheilen auszulegen, bis sich auf der Schnittstelle Wundschorf gebildet hat, um Fäulnis zu verhindern.

Unter „Äugeln" versteht man das Zerschneiden der Pflanzkartoffeln in kleine Stücke mit je einem Auge. Das Auge wird zylinderförmig mit einem Stück Fleisch ausgeschnitten. So lassen sich aus einer Knolle acht bis zehn Teilstücke gewinnen. Die Teilstücke sollten gut abtrocknen und erst in Töpfe gepflanzt werden. Erst nach erfolgter Bewurzelung und Austrieb werden sie mit etwas dichterem Pflanzabstand ins Beet gesetzt. Das Äugeln kann notwendig werden, wenn nur wenige Knollen einer Sorte vorhanden sind, um diese zu vermehren.

Stecklinge

Kartoffeln lassen sich leicht durch Kopfstecklinge vermehren. Die kann notwendig werden, wenn nach langjährigem Nachbau Abbauerscheinungen durch Viruserkrankungen zunehmen und nur wenig gesundes Pflanzgut erhalten werden konnte. Die gesunden Knollen werden wie gewöhnlich im Freiland ausgepflanzt. Sie sollen austreiben

und sich zu kräftigen Stauden entwickeln. Wie die Tomate bildet die Kartoffel am Spross leicht Adventivwurzeln. Von gesunden Stauden werden mit einem scharfen Messer Kopfstecklinge von ca. 10 cm Länge geschnitten, ähnlich wie bei Pelargonien. Die unteren Blätter werden entfernt. Die Sprosse werden einzeln in vorbereitete Töpfe mit steriler Anzuchterde gesteckt. Die Töpfe sollten warm bei Temperaturen um 18–20 °C und gespannter Luft aufgestellt werden. Das kann in einem Kleingewächshaus sein oder einfach durch Abdeckung mit einem Einmachglas geschehen. Es ist darauf zu achten, dass an den Blättern oder dem Stängelgrund keine Fäulnis entsteht, daher sollte man Erde nicht zu nass halten. Zuerst schlappen die Sprosse, erholen sich aber nach erfolgter Bewurzelung. Hat sich nach 10–14 Tagen ein Wurzelballen gebildet, können die Pflänzchen nach einer Abhärtung gleich ins Beet ausgepflanzt werden und bilden schon in diesem Jahr kleine Knollen.

Bewurzelte Kopfstecklinge nach 14 Tagen Topfkultur

Sämlingsknollen

links:
Sämlinge 14 Tage nach der Aussaat

Aussaat

In den Anfängen der Kartoffelkultur wurde die Aussaat häufiger zur Vermehrung genutzt, heute säen nur die Züchter Kartoffelsamen aus, um neue Sorten zu selektieren.

Die meisten Kartoffeln setzten nach der Blüte grüne Beeren an. Diese Früchte enthalten kleine gelbe Samenkörner. Die Beeren werden geerntet, sobald sie weich geworden sind. Die Beeren zerschneiden, die Samen herausquetschen und einen Tag in einem Glas mit wenig Wasser vergären. So löst sich das anhaftende Fruchtfleisch ab. Anschließend Samen auf einem Sieb abspülen und trocknen lassen. Das getrocknete Saatgut z.B. in Filmdosen oder Papiertüten an einem kühlen Ort oder im Kühlschrank bis zur Aussaat aufbewahren.

Die Aussaat und Pflanzenanzucht erfolgen wie bei Tomaten: Aussaat ab Februar auf der Fensterbank oder dem Frühbeet bei 18–20 °C in Anzuchterde oder Blumenerde in einer Pikierkiste oder größeren Blumentopf. Feines Saatgut vorsichtig angießen, nach der Aussaat nicht austrocknen lassen. Nach der Keimung und Entwicklung der ersten Blättchen in größere Töpfe vereinzeln, Temperatur 15–18 °C. Die kleinen Kartoffelpflänzchen können nach den Eisheiligen ausgepflanzt oder in größeren Töpfen kultiviert werden. Die Knollen werden im ersten Jahr hasel- bis walnussgroß. Erst im zweiten Jahr erreichen sie ihre sortentypische Größe.

Durch die Nachzucht aus Samen können die am häufigsten auftretenden Viruskrankheiten eliminiert werden, die sich bei langem Nachbau mit eigenem Pflanzgut ansammeln und zu den bekannten Abbauerscheinungen führen.

Die Sämlinge stellen allerdings nicht mehr die Ausgangssorte dar, da ihre Erbanlagen sich aufspalten. Dies ist leicht an den neu auftretenden Formen und Farben der Sämlinge zu erkennen.

Schädlinge und Krankheiten

Der Kartoffelkäfer

Der Kartoffelkäfer oder Coloradokäfer (Leptinotarsa decemlineata) ist trotz seines schönen lateinischen Namens der wichtigste tierische Schädling an der Kartoffel. Meist zur Zeit der Löwenzahnblüte beginnt der im Boden überwinternde Käfer mit dem Fraß an Kartoffelblättern. Schon nach 14 Tagen legt er 20–30 aufrecht stehende orangerote Eier an die Blattunterseiten. Wiederum nach 14 Tagen schlüpfen die roten, an der Seite schwarz gepunkteten Larven. Sie können bei starkem Befall Kahlfraß an den Stauden bewirken. Die abgefressenen Stauden kümmern und können keine Knollen ansetzen. Bei Auftreten von Käfern sind diese sofort abzulesen und zu vernichten, ebenso Larven und Eigelege. Bei gehäuftem Auftreten von Kartoffellarven können sie mit Gesteinsmehlen bestäubt werden. Meerrettich am Rand oder zwischen die Reihen gepflanzt vertreibt Kartoffelkäfer.
Unkräuter aus der Familie der Nachtschattengewächse, z.B. Schwarzer Nachtschatten (Solanum nigrum), dienen ebenfalls als Fraßwirte, daher Unkräuter beseitigen. Bei starkem Befall können pyrethrumhaltige Spritzmittel eingesetzt werden.

Kartoffelkäfer

Der Angriff der Käfer

Die Geschichte des Kartoffelkäfers illustriert, wie rasch und unvorhersehbar aus einem unscheinbaren Insekt ein weltweit gefürchteter Schädling werden kann. Die Geschichte beginnt in Mittelamerika im Hochland von Mexiko. Dort wächst die unauffällige Wildpflanze Solanum rostratum. An ihren Blättern nagte gelegentlich der harmlose zehngestreifte Käfer. Mit der Verschleppung des Unkrautes durch Siedler nach Norden drang auch der Käfer weiter nach Norden vor bis hinauf nach Colorado, Iowa und Nebraska. 1819 entdeckte ihn ein amerikanischer Naturforscher und nannte ihn Coloradokäfer.

Auch die Kartoffel war über mehrere Jahrhunderte auf Reisen. Aus Südamerika gelangte sie nach Europa, zuerst nach Spanien und Portugal. 1719 überquerte die Knolle zum zweiten Mal den Atlantik – allerdings von Ost nach West. Die ersten Saatkartoffeln, die Nordamerika erreichten, stammten aus Irland. Mit dem Vormarsch der weißen Siedler eroberte die Kartoffel den Kontinent – und den Lebensraum des Coloradokäfers. Der Käfer entdeckte in der Kartoffel, die zur gleichen Pflanzenfamilie gehört wie seine Futterpflanze Solanum rostratum, eine neue Wirtspflanze, in deren Monokulturen er sich ideal vermehren konnte. Die Insekten nagten in kurzer Zeit ganze Felder kahl. 1859 kamen Alarmmeldungen aus Nebraska, 1860 aus Kansas und Iowa. Mit einem Tempo von 150 km pro Jahr bewegte sich die Käferplage durchs Land. Die Kunde des neuartigen Kartoffelschädlings eilte dem Käfer voraus. In Europa erkannte man die drohende Gefahr und verbot die Einfuhr amerikanischer Kartoffeln, Säcke oder sonstigen Gegenständen, welche zur Verpackung oder Verwahrung derartiger Kartoffeln oder Kartoffelabfällen gedient haben. Aber angesichts des regen Schiffsverkehrs zwischen den Kontinenten und der Tatsache, dass der Käfer mehrere Tage auch ohne Nahrung auskommt, ist es nicht verwunderlich, dass er mit menschlicher Hilfe den Sprung über den Atlantik schaffte. Bereits 1877 tauchte er in den Häfen von Rotterdam und Liverpool auf und hatte Wege ins Binnenland gefunden. Mit viel Aufwand und Mühen konnten diese Befallsherde beseitigt werden. In jenen Jahren war der Coloradokäfer die europäische Sensation.

Der Erste Weltkrieg brach aus. In den Kriegswirren achtete man weniger auf die Bekämpfung des Insekts. Die Blockade deutscher Häfen verschonte Deutschland zunächst vor dem Eindringen der Käfer, aber durch ein amerikanisches Transportschiff war er in den französischen Hafen Bordeaux gelangt und hatte sich von dort zunächst unbemerkt ausgebreitet. 1922 hatte er sich schon auf ca. 250 Quadratkilometern eingenistet. Durch den vorherrschenden Westwind unterstützt, breitete er sich mit bis zu 300 km pro Jahr rasch nach Osten aus. 1935 hatte der Käfer Frankreich durchquert und die belgische und deutsche Grenze erreicht. 1936 überwand er die Pyrenäen. Die Hauptinvasion nach Deutschland brachte das Jahr 1938. Durch die Tätigkeit des Deutschen Kartoffelkäferabwehrdienstes konnte der Käfer nur langsamer vorrücken, wurde aber nicht ausgerottet. Mit erlahmender Schlagkraft der Organisation durch die Zeitumstände gewann der Käfer erheblich an Raum: 1945 überwand er die Elbe, 1950 die Oder und seither zieht er immer noch weiter nach Russland hinein.

Das Arsenal der damaligen Bekämpfungsmöglichkeiten war nicht groß. Außer Einfuhrverboten von Kartoffeln, Tomaten und Auberginen aus Frankreich wurden mit regelmäßigen Suchaktionen die Felder überwacht. 1935 entstand der „Deutsche Überwachungs- und Abwehrdienst für den Kartoffelkäfer“. Vielfach waren es Schulklassen, die einmal pro Woche die Äcker Furche für Furche nach Käfern und Larven absuchten. „Sei kein Penner, sei kein Schläfer, achte auf Kartoffelkäfer!“, lautete der Wahlspruch. Die eingesammelten Käfer, bisweilen gab es einen Pfennig pro Stück, wurden vernichtet, da nicht einmal die Hühner sie fressen wollten. Schon bald stellte sich diese Art der Bekämpfung als zu aufwändig heraus. Man dachte an die Entwicklung natürlicher Gegenspieler oder Züchtung resistenter Kartoffelsorten. Letztendlich gelang der chemischen Industrie der Durchbruch mit der Entwicklung chemischer Pflanzenschutzmittel. Zu unserer Zeit ist der Kartoffelkäfer so weit eingedämmt, dass er im Hausgarten nicht chemisch bekämpft werden muss.

Nematoden

Der Befall mit Nematoden oder Fadenwürmern (Globodera rostochiensis bzw. pallida) zeigt sich im Kartoffelbestand durch nesterweises Kümmern der Pflanzen, die Stauden bleiben klein, die Blätter welken. Es kommt zu Ertragseinbußen. Man spricht von „Bodenmüdigkeit“. An den Wurzeln findet man im Juni/Juli stecknadelkopfgroße weiße, später braune Knöllchen, die Zysten. Die Zysten enthalten Eier, in denen sich die Larven entwickeln. Sie bleiben über mehrere Jahre infektiös, bis ein Schlupfreiz durch die Wirtspflanze die Larven zum Schlupf anregen. Dies macht die Fadenwürmer zu einem Fruchtfolgeschädling. Neben Kartoffeln dienen auch andere Solanaceen als Wirtspflanze, darüber hinaus Stechapfel, Gänsefuß und Sauerklee. Eine Bekämpfung setzt bei gewissenhaftem Einhalten eine weiten Fruchtfolge an, daher Kartoffeln nur alle drei bis vier Jahre auf dem gleichen Beet anpflanzen. Viele moderne Kartoffelsorten besitzen Resistenzen.

Drahtwürmer, Erdraupen und Engerlinge

Ganz oder teilweise abgefressene Wurzel an jungen Pflanzen, welke Pflanzen, flache Löcher und röhrenförmige Gänge in Kartoffelknollen sind Zeichen für Drahtwürmer. Es sind Larven des Schnellkäfers (Agriotes sp.). Der Käfer legt seine Eier bevorzugt auf Grünland- und Bracheflächen ab. Die geschlüpften Larven benötigen drei bis fünf Jahre bis zur Käferentwicklung. Nach frischem Umbruch von Wiesen kann es zu vermehrtem Befall kommen.

Fraßschäden an Knollen

Erdraupen sind Larven mehrerer Falterarten. Sie fressen nachts an verschiedenen Pflanzenteilen. Im Boden aufgespürt, erkennt man sie als zusammengerollte, graubraune dicke Raupen. Sie fressen in den Knollen. Engerlinge sind die Larven des Maikäfers. Sie verbringen drei bis vier Jahre im Boden und schädigen durch Fraß an Wurzeln und Knollen. Vorbeugend sollte das Kartoffelbeet nicht mit frischem Mist gedüngt werden, die schlecht verrotteten organischen Bestandteile locken die Käfer und Raupen an. Natürliche Feinde wie Vögel und Igel sollte man fördern. Bei starkem Drahtwurmbefall können frische Kartoffelscheiben an einem Bindfaden im Boden vergraben werden. Die Drahtwürmer fressen an den Köderscheiben und werden mit diesen eingesammelt und vernichtet.

Blattläuse

Blattläuse schädigen im Kartoffelanbau weniger durch das Ansaugen der Pflanzen oder Honigtaubildung, sondern vielmehr in ihrer Funktion als Virusüberträger. Sie übertragen mit ihrem Speichel alle bedeutsamen Kartoffelviren. Hauptwinterwirte für Blattläuse sind Gehölze wie Pfirsich, Kreuzdorn, Pfaffenhütchen und Faulbaum. Die stärkste Gefährdung der Kartoffeln besteht im Frühjahr, wenn die Läuse zufliegen. Junge Pflanzen können zum Schutz gegen Läuse unter Flies kultiviert werden. Auf eine gründliche Unkrautbekämpfung ist zu achten. Eventuell Läuse mit Seifenlaugen abspülen. Nützlinge wie Vögel, Marienkäfer und Florfliegen im Garten fördern, die die Läuse vertilgen.

Viruskrankheiten

Besonders diese, weder mit dem bloßen Auge noch mit dem Mikroskop sichtbaren Krankheitserreger haben eine große Bedeutung als Schädlinge im Kartoffelbau. Es gibt mehrere Viren, die die Kartoffelpflanze schädigen, bedeutend sind Blattrollvirus, Y-, A-, M- und S-Virus. Das Blattrollvirus verursacht Blattverformungen, der Befall ist meist an nach innen eingerollten Blättern zu erkennen. Die Blätter wirken steif und sind spröde. Die Mosaikviren wie das Virus X und Y verursachen schachbrettartige, fleckige Gelbverfärbungen. Charakteristisch ist der Kümmerwuchs der Pflanzen. Werden diese Pflanzen ausgegraben, tragen sie nur kleine Knollen. Dies wird meist unter dem Begriff „Abbau der Kartoffel" zusammengefasst und wurde schon vor 200 Jahren beobachtet.

Die Viren werden vor allem mit den Pflanzknollen verschleppt. Blattläuse, die an erkrankten Pflanzen saugen und gesunde Pflanzen mit ihrem Saugrüssel anstechen, übertragen die Viren. Die Viren selbst können sich nicht eigenständig fortbewegen. Wirksames Gegenmittel ist die Verwendung von gesunden Pflanzknollen. Bei der Produktion von anerkanntem Pflanzgut werden die Partien auf Virusfreiheit getestet. Wer selbst kleine Kartoffeln aus dem Garten als Pflanzgut zurücklegt, sollte sich vorher gesunde Stauden markieren, um sicher zu sein, dass die Knollen von gesunden Pflanzen stammen. Befallene Pflanzen so früh wie möglich aus dem Bestand entfernen, damit sie nicht als weitere Überträger dienen. Die Knollen dieser Pflanzen können ohne Bedenken gegessen werden.

Durch eine frühe Krautabtötung bzw. das Abschneiden der Stängel im Spätsommer kann man verhindern, dass bei erkrankten Stauden die Viren bis in die Knollen hinabwandern. Dafür nimmt man in Kauf, dass die Knollen nicht ganz so dick werden.

Kraut- und Knollenfäule

Die Kraut- und Knollenfäule (Phytophthora infestans) ist, historisch gesehen, die älteste und verheerendste Krankheit der Kartoffel. Im Jahr 1845 wurde in einer englischen Zeitung zum ersten Mal von einer Kartoffelkrankheit in Irland gesprochen, die man „Cholera" nannte. Sie brachte das Kartoffelkraut in kürzester Zeit zum Absterben. Eine Ursache war unbekannt. In Irland war die Landwirtschaft der kleinen Pächter und deren Ernährung von der Mono-

Kraut- und Knollenfäule

kultur Kartoffel bestimmt. Die Krautfäule zerstörte ihre Ernährungsgrundlage. Weil alle Kartoffelsorten betroffen waren und keine Gegenmaßnahmen bekannt waren, verhungerten in der Mitte des 19. Jahrhunderts in Irland ca. eine Millionen Menschen, etwa genauso viele wanderten aus. Auch Frankreich, die Niederlande, Deutschland und Polen waren von der Krautfäuleepidemie betroffen. Der „Steckrübenwinter" 1917/18 hatte seine Ursache ebenfalls im teilweisen Ausfall der Kartoffelernte durch Krautfäule.

Wenn die Kartoffelstauden etwa Mitte Juni schon üppig im Kraut stehen, findet man nach feuchtem Wetter braune Flecken auf den Blättern und silberweißen Pilzrasen auf der Unterseite. Die Blätter werden braun und sterben ab, dies erfasst oft die Spitzentriebe und die ganze Staude. Ausgehend von Befallsherden kann sich bei feuchtem Wetter der Pilz schnell ausbreiten. An der Blattunterseite treten graue Sporen des Pilzes auf. In den Boden gelangt der Pilz zu den Knollen, die als Zeichen des Befalls braune eingesunkene Stellen aufweisen. Hohe Verluste entstehen auch während der Lagerung.

Krautfäule

Bekämpfungsmaßnahmen sind: gute Versorgung mit Kalidünger, der das Gewebe kräftigt und widerstandsfähig macht, einseitige Stickstoffzufuhr vermeiden, da weiches, schwammiges Gewebe anfällig ist, weite Standräume wählen und Unkraut entfernen, damit der Bestand schnell abtrocknet. Vorbeugend kann gegen Krautfäule Magermilch auf die Blätter gesprüht werden. Die Ansiedlung von Milchsäurebakterien verhindert für einige Zeit die Ansiedlung schädlicher Pilze. Die Spritzung sollte wöchentlich wiederholt werden. Man kann auch mit Kupfervitriolbrühe spritzen. Bei erstem nesterhaften Auftreten befallene Blätter und Triebe ausschneiden, befallenes Pflanzenmaterial vernichten! Frühe Sorten sind wenig gefährdet, die Befallswahrscheinlichkeit ist bei späten Kartoffeln größer. Da die Phytophthora auch der wichtigste Schaderreger der Tomate ist, sollten Kartoffeln und Tomaten nicht direkt nebeneinander angebaut werden. Gelegentliche Gaben von Brennesseljauche oder Schachtelhalm-Brühen (1:10 verdünnt) bis zur Blüte stärken die Widerstandskraft der Stauden.

Für eine ausreichende Bodenbedeckung der Knollen sorgen, damit das Einwachsen des Pilzes in den Boden und damit der Befall der Knollen erschwert wird.

Kartoffelkrebs

Der zu den Schleimpilzen gehörende Kartoffelkrebs Synchytrium endobiotikum war früher ein gefürchteter Krankheitserreger im Kartoffelbau. Er hat noch stärker als die Kraut- und Knollenfäule die Sortenzüchtung beeinflusst.

Ab 1934 war der Anbau krebsanfälliger Sorten verboten, um den Befall mit dieser nicht bekämpfbaren Krankheit einzugrenzen. Dies bedeutete das Ende für viele erfolgreiche Sorten.

Symptome waren schon 1870 aus Schottland bekannt, erster Befall in Deutschland trat 1908 auf. Der Befall hatte sich in den folgenden Jahren ständig ausgebreitet. Ein Befall von anderen Nachtschattengewächsen kommt auch vor und wurde an Kartoffeln in Südamerika beobachtet, sodass ein Einschleppen aus dem Ursprungsland wahrscheinlich ist.

An den Kartoffelknollen treten in Augennähe, an den Stolonen und am Stängelgrund blumenkohl- oder schwammartige Wucherungen auf. Sie können klein sein bis hin zu vollkommen zu Geschwulsten umgebildeten Knollen. Diese Wucherungen gehen im Boden alsbald in Fäulnis über und zerfallen. So wird der Boden verseucht und der Befall durch Ackergeräte oder infizierte Knollen verschleppt. Die Übertragung im Boden erfolgt durch bewegliche Zoosporen, die aus den Dauersporen hervorgehen, sie dringen in die Epidermis der Knollen ein und führen zu den Krebswucherungen. An oberirdischen Pflanzenteilen sind meist keine Symptome sichtbar. Dauersporen sind bis zu 15 Jahre lebensfähig. Der Pilz findet optimale Entwicklungsbedingungen bei niedrigen Sommertemperaturen (unter 18 °C) und reichlich Niederschlägen von 700–800 mm/Jahr bei gleichzeitigem intensiven Kartoffelanbau. Der Kartoffelkrebs ist eine meldepflichtige Krankheit. Er wird durch strenge Quarantänemaßnahmen (Kartoffelschutzverordnung, Pflanzkartoffelverordnung) bekämpft, die sich gegen die weitere Verschleppung des Erregers und Liquidierung des Krebsherdes richten. Unter anderem werden Anbaupausen von ca. sechs Jahren auf verseuchten Feldern verordnet. Ein Großteil der modernen Sorten besitzt Resistenz gegen Kartoffelkrebs.

Kartoffelschorf

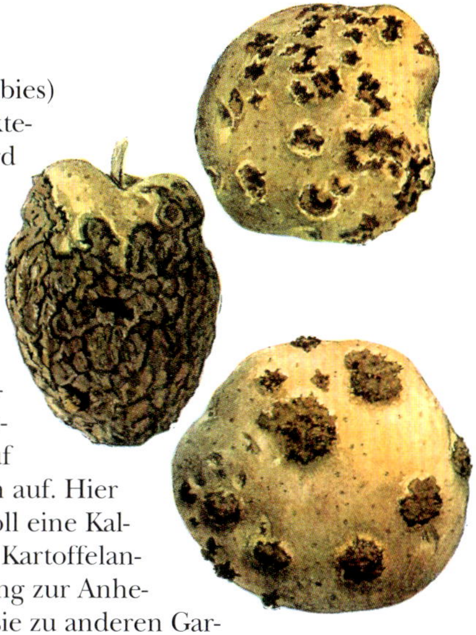

Die Schorfkrankheit (Streptomyces scabies) wird durch ein im Boden lebendes Bakterium verursacht. Die Knollenschale wird rauh, es entstehen braune Korkpusteln bis hin zu Korkpfropfen bei schwerem Befall. Die Symptome sind primär qualitätsmindernd, die Knollen sehen weniger schön aus. An Stängeln und Blättern gibt es keine Symptome. Das Bakterium ist stark sauerstoffbedürftig und liebt alkalische Bedingungen. Daher tritt es besonders auf leichten Böden in trockenen Sommern auf. Hier setzen die Gegenmaßnahmen an. So soll eine Kalkung des Bodens vor einem geplanten Kartoffelanbau unterbleiben. Ist eine Bodenkalkung zur Anhebung des pH-Wertes notwendig, kann sie zu anderen Gartenfrüchten erfolgen. Bei mineralischen Düngemitteln sind solche mit saurer Bodenwirkung wie schwefelsaures Ammoniak vorzuziehen. In Trockenperioden soll zu Beginn des Knollenansatzes beregnet oder gegossen werden.

Wurzeltöterkrankheit

Erkennbar ist der Befall mit dem Pilz Rhizoctonia solani an ungleichmäßig auflaufenden Kartoffeln, Fehlstellen in den Reihen. An den unterirdischen Trieben finden sich Verbräunungen, die Pflanzen bringen nur ein bis zwei Stängel hervor, bleiben im Wachstum zurück und um den Stängelgrund findet sich weißes Pilzmycel. Im Lager erkennt man auf den Knollen schwarzbraune pockenähnliche Beläge, die sich mit dem Fingernagel abkratzen lassen. Die Schale wird durch die schwarzen Pusteln unansehnlich. Gegen ein Auftreten helfen zuerst pflanzenbauliche Maßnahmen. Eine geregelte Fruchtfolge mit einem Anbau nur alle drei bis vier Jahre auf dem gleichen Beet, so werden die im Boden überdauernden Organe des Pilzes ausgehungert. Keine Zufuhr von Stroh oder frischem Stallmist, da der Pilz auf diesem Material lebt. Nicht zu früh und zu tief legen, kalter nasser Boden fördert den Befall. Späteres Legen holen die Knollen durch zügiges Wachstum auf.

Traditionelle und neue Kartoffelrezepte

Abschiedsworte an Pellka

Jetzt schlägt deine schlimme Stunde,
Du Ungleichrunde,
Du Ausgekochte, du Zeitgeschälte,
Du Vielgequälte,
Du Gipfel meines Entzückens.
Jetzt kommt der Moment des Zerdrückens
Mit der Gabel! – Sei stark!
Ich will auch Butter und Salz und Quark
Oder Kümmel, auch Leberwurst in dich stampfen.
Mußt nicht so ängstlich dampfen.
Ich möchte dich doch noch einmal erfreun.
Soll ich Schnittlauch über dich streun?
Oder ist dir nach Hering zumut?

Du bist ein so rührend junges Blut. –
Deshalb schmeckst du besonders gut.
Wenn das auch egoistisch klingt,
So tröste dich damit, du wundervolle
Pellka, daß du eine Edelknolle
Warst und daß dich ein Kenner verschlingt.
Sei stark!

JOACHIM RINGELNATZ (1883–1934)

Kartoffeln in der Ernährung

Kartoffeln zählen zu den wichtigsten Grundnahrungsmitteln auf der Welt. Aufgrund ihrer günstigen Nährstoffzusammensetzung und der kaum zu beschreibenden Zubereitungsvielfalt ist die Kartoffel Bestandteil jeder ausgewogenen und vollwertigen Ernährung. Wer nicht selbst im Garten Kartoffeln anbaut, sollte bei einem Bauern oder Hofmarkt nach frischen Kartoffeln fragen.

Das Image des Dickmachers hat die Kartoffel längst abgelegt. Hervorzuheben ist der Gehalt an Kohlenhydraten in Form von Stärke als wichtigster kalorienliefernder Inhaltsstoff (15–18%). Sie ist der wichtigste Energiespender für den Organismus. Kartoffeln haben einen Kaloriengehalt von 70 kcal pro 100 g. Der Fettgehalt der Kartoffel ist mit 0,1–0,3% verschwindend gering. Der Eiweißgehalt liegt zwar nur bei 2%, das Eiweiß ist aber wegen der essenziellen Aminosäuren biologisch sehr wertvoll. Unter den Vitaminen ist das Vitamin C mit einem durchschnittlichen Gehalt von 17 mg pro 100 g an erster Stelle zu nennen, das ist mehr, als manche Südfrucht enthält. Weiterhin enthält sie die wichtigen Vitamine B1, B2 und das Vitamin K. Der Anteil an Mineralstoffen liegt bei 1%. Besonders das Kalium ist hervorzuheben, nennenswert sind ferner Magnesium, Eisen und Phosphor. Kartoffeln zählen zu den nitratarmen pflanzlichen Lebensmitteln.

Der richtige Kochtyp

Die Kartoffel soll für jedes Gericht die besten Kocheigenschaften mitbringen. Die Einteilung erfolgt in drei Kochtypen:

Fest kochende Sorten: bleiben auch gekocht gut in Form, sie eignen sich für Gerichte, bei denen das Auseinanderfallen der Knollen unerwünscht ist; bestens geeignet sind sie für Kartoffelsalat, Bratkartoffeln, Salz- und Pellkartoffeln sowie Pommes frites.
Vorwiegend fest kochend: nehmen eine Mittelstellung ein, sie bleiben trotz ihres höheren Stärkegehaltes beim Kochen in Form, sind aber lockerer; vor allem für Salz- und Pellkartoffeln, Gratins, Aufläufe, Eintöpfe und Kartoffelpuffer.
Mehlig kochend: sie machen wegen ihres hohen Stärkegehaltes Püree und Knödel mürbe, brechen beim Kochen auf und fallen auseinander, das Fleisch ist eher trocken; hervorragend für Püree, Klöße, Kartoffelpuffer, Eintöpfe, Suppen, Süßspeisen und Kuchen.

Die Kochtypen der zugelassenen Kartoffelsorten werden vom Bundessortenamt ermittelt und müssen laut Handelsklassenverordnung für Speisekartoffeln auf der Kartoffelverpackung angegeben werden.

Rezepte

Es soll Menschen geben, die Kartoffeln als „Sättigungsbeilage" betrachten und sie zu mächtigen Eintöpfen und massigen Saucen verarbeiten. Kenner wissen es besser. Es gibt keine bessere, raffiniertere und leichtere Basis für Menüs zu jeder Jahreszeit. Aber auch Kartoffeln „solo" sind ein Genuss. Nachstehend eine Auswahl aus Tausenden von Kartoffelrezepten.

Die Mengenangaben sind jeweils für 4 Personen gerechnet; TL = Teelöffel, EL = Esslöffel, f = fest kochend, vf = vorwiegend fest kochend, m = mehlig kochend.

Das älteste Kartoffelrezept aus „Ein Neuw Kochbuch" 1587 vom Mundkoch des Kurfürsten von Mainz, Marcus Rumpolt:

„Erdtepfel"

Schel und schneidt sie klein, quell sie in Wasser und druck es wol auß durch ein Härin (grobes) Tuch, hack sie klein und röſt sie in Speck, der klein geschnitten ist, nimm ein wenig Milch darunter und las darmit sieden, so wirt es gut und wolgeschmack.

Rumfordsuppe

Zur Verköstigung der Armen zu München von Graf Rumford um 1800, beschrieben in „Kleine Schriften politischen, ökonomischen und philosophischen Inhalts":

Gerstengraupen, Erbsen, Kartoffeln, Würfel von feinem Weizenbrot, Weinessig, Salz und Wasser in gehörigen Verhältnissen gemischt, die Kartoffeln sollen völlig zerkochen, um die Suppe sämig zu machen, vor dem Auftragen die Brotschnitte hinzutun.

Uslarer Pekeressen

Im 19. Jahrhundert wurden in den armen Gemeinden des Solling zur Selbstversorgung allgemein Kartoffeln angebaut. „Peker" („peken" ist plattdeutsch für „kleben") waren durchgeschnittene Kartoffeln, die meist abends gegessen wurden. Zum Garen wurden die durchgeschnittenen Kartoffeln an den Ofen geklebt. Waren sie gar, fielen sie in einen bereitgestellten Korb und konnten gegessen werden. Peker waren ein typisches Armeleute-Essen mit Salz, Butter, Hering, Wurstresten und Kartoffelschnaps. Seit den 20er Jahren hat sich das Gericht zu einem geselligen Festessen entwickelt und man trifft sich im Herbst zum traditionellen Pekeressen:

- 1 kg Pekermett (mager mit mehr Rindfleisch)
- 1,5 kg Kartoffeln
- 150 g Butter
- 100 g Zwiebeln, gewürfelt
- Essiggemüse als Beilage
- Salz, Öl

Kartoffeln mit Schale gründlich waschen, trocknen, Backofen mit einer Schale Wasser auf 180 °C vorheizen, das Wasser soll leicht köcheln und den Garraum mit heißem Dampf füllen. Die Kartoffeln der Länge nach durchschneiden, mit Öl bestreichen, ca. 45 min garen, die Schale sollte noch weich sein und beim Zerdrücken leicht aufknacken. Kartoffeln nochmals einschneiden, mit dem Mett, Butter und Zwiebeln belegen, als Beilage die süß-sauren Gemüse reichen.

Kartoffelsuppe

- 500 g Kartoffeln, vf
- 1 l Fleischbrühe
- 1 Stange Lauch oder Frühlingszwiebel
- 2 Möhren
- 1 Petersilienwurzel
- 1 EL Butter
- Salz
- 1 Bund Petersilie
- einige Blätter Liebstöckel

Kartoffeln schälen, in kleine Würfel schneiden, Möhren in Würfel schneiden, Lauch in Ringe schneiden, Petersilienwurzel fein hacken. Butter in einem Topf erhitzen, Gemüse und Kartoffeln darin andünsten, mit der Fleischbrühe ablöschen, ca. 20 min köcheln lassen, mit Salz würzen. Kurz vor dem Garen die gehackte Petersilie und Liebstöckelblätter unterziehen, beim Servieren kann ein Löffel Crème fraîche auf den Teller gegeben werden

Kartoffel-Cremesuppe

- 500 g mehlige Kartoffeln
- 2 Zwiebeln
- 1 Bund Schnittlauch
- 1 l Fleischbrühe
- Salz
- Pfeffer
- Muskatnuss
- 100 g Sahne

Kartoffeln und Zwiebeln schälen, fein würfeln, Schnittlauch fein schneiden. Butter im Topf erhitzen und Kartoffeln mit Zwiebeln darin anschwitzen. Mit der Brühe ablöschen, mit Salz, Pfeffer und Muskat abschmecken, bei mäßiger Hitze ca. 20 min gar ziehen lassen. Die Suppe mit dem Pürierstab pürieren, die Sahne erst kurz vor dem Servieren unterziehen und mit dem Schnittlauch bestreuen.

Kümmel-Kartoffeln mit Schinken und Ei

- 8 mehlig kochende Kartoffeln
- 300 g gewürfelter Schinkenspeck
- 4 Eier
- 2 TL Kümmel
- 1 Bund Schnittlauch
- 1/2 Bund Thymian
- 300 g Crème fraîche
- 1 Prise Salz
- Butter oder Margarine

Die Kartoffeln in der Schale kochen, pellen, vier Pfännchen mit Butter ausstreichen, jeweils zwei Kartoffeln in den Pfännchen leicht zerdrücken, sodass in der Mitte eine Vertiefung entsteht. Kümmel, Salz und den Schinken darauf verteilen, jeweils ein Ei in die Vertiefung schlagen, danach die Kartoffelpfännchen im vorgeheizten Backofen bei 200 °C 15 min braten lassen. Crème fraîche mit kleingeschnittenem Schnittlauch und Thymian mischen, zu den Kartoffelpfännchen reichen.

Kräuter-Kartoffelpüree

- 1 kg mehlig kochende Kartoffeln
- 50 g Butter
- 1/4 l Milch oder süße Sahne
- Schnittlauch, Petersilie, Thymian
- Salz, Pfeffer, Muskatnuss

Die Kartoffeln garen, pellen und heiß durch ein Sieb pressen oder mit einem Stampfer im Topf zerdrücken. Die Butter flöckchenweise unterrühren. Milch oder Sahne erhitzen und nach und nach unter die Kartoffelmasse rühren, zum Schluss die fein gehackten Kräuter zugeben und mit Salz, Pfeffer und einer Prise Muskatnuss abschmecken.

Buttermilchkartoffeln

- 1 kg mehlige Kartoffeln
- 500 ml Buttermilch
- 125 ml Milch
- 45 g Weizenmehl
- 125 g durchwachsener Speck
- 3 Zwiebeln
- Wasser, Zucker

Kartoffeln schälen, in Würfel schneiden, in Salzwasser garen und pürieren. Die Buttermilch und Milch langsam erhitzen und die pürierten Kartoffeln zugeben. Das Weizenmehl mit Wasser anrühren und zu dem Kartoffelbrei geben; es dient dazu, das Püree zu binden. Mit einer Prise Zucker abschmecken. Speck und gewürfelte Zwiebeln in der Pfanne bräunen und über das Püree geben. Als Beilage wird gebratene Blutwurst und grüner Salat gereicht.

Dänische Karamellkartoffeln

- 800 g kleine Kartoffeln (f, vf, Kipfler-Sorten)
- 2 EL Zucker
- Öl

Die kleinen Kartoffeln kochen und pellen. Öl in der Pfanne erhitzen, den Zucker gleichmäßig einstreuen und karamellisieren lassen. Die gepellten Kartoffeln hinzufügen und unter Wenden goldbraun braten. Passt zu süßem Schweinebraten, Gans und Entenbraten.

Käsekartoffeln

- 1 kg fest kochende Kartoffeln
- 50 g fetter Speck
- 2 Zwiebeln
- 100 g geriebener Emmentaler Käse
- Salz, Pfeffer, gerebelter Majoran
- 250 ml Fleischbrühe

Kartoffeln schälen und in Scheiben schneiden. Speck in Würfel schneiden und im Topf auslassen. Zwiebeln in Scheiben schneiden und im Speck dünsten. Wenn die Zwiebelscheiben hellgelb sind, Kartoffelscheiben dazugeben, garen lassen. Wenn die Kartoffeln gar sind, Fleischbrühe zugießen, mit Salz, Pfeffer und Majoran abschmecken und den geriebenen Käse darüber streuen. Servieren, wenn der Käse geschmolzen ist.

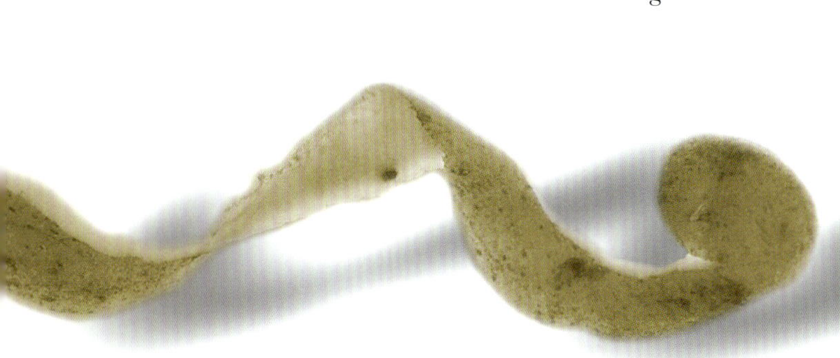

Safrankartoffeln

- 1 kg sehr kleine fest kochende Kartoffeln
- salzige Butter
- Safran

Kartoffeln waschen und sauber bürsten. In einer Pfanne ein großzügiges Stück salzige Butter schmelzen, Safran (aus eigener Ernte vom Safrankrokus) hineinstreuen, Kartoffeln darin anbraten, fertig. Als Ergänzung zu Huhn oder Fisch.

Lappen-Pickert

- 2,5 kg Kartoffeln
- 3 Eier
- 1 Tasse süße oder saure Sahne
- 2–3 EL Mehl
- 1 Prise Salz
- 100 g gewürfelten Speck
- etwas Speck zum Ausreiben der Pfanne

Die Kartoffeln waschen, roh reiben, auf einem Durchschlag gut abtropfen lassen. In einer Schüssel die Eier unterrühren, mit Salz abschmecken und die Sahne unterrühren. Die Pfanne mit der Speckschwarte ausreiben und sehr klein gewürfelten Speck hineingeben. Teig 1–2 cm dick einfüllen, glatt streichen und bei mäßiger Hitze backen. Sofort mit Rübenkraut oder herzhaft mit Leberwurst servieren, evtl. am nächsten Tag in der Pfanne aufbacken.

Für den Lappen-Pickert gab es auf dem Herd eine besondere „Pickertplate", ein Eisenblech mit 1,5–2 cm hohem Rand und zwei Griffen an der Seite.

Dicker Pickert (Lippisches Nationalgericht)

- 500 g mehlig kochende Kartoffeln
- 3 Eier
- 750 g Weizenmehl
- 1 Würfel Frischhefe oder 1 Päckchen Trockenhefe
- 125 ml Milch
- 125 g Rosinen

Kartoffeln schälen und reiben, mit den Eiern und Salz verrühren. Hefe in der Milch auflösen, in das Mehl einrühren, Mischung mit der Kartoffelmasse verrühren, sodass ein dünnflüssiger Teig entsteht. Den Teig so lange schlagen, bis er Blasen wirft. An einem warmen Ort gehen lassen. Die Rosinen unterrühren und in eine gefettete Kastenform füllen. Den Teig noch einmal gehen lassen. Bei 175–200 °C im vorgeheizten Backofen etwa eine Stunde backen. Den fertigen Pickert aus der Form stürzen, erkalten lassen und in 2 cm dicke Scheiben schneiden, die in der Bratpfanne in Öl von beiden Seiten braun gebraten werden.

Der erste Pickert im Spätsommer von „neuen Kartoffeln" wurde mit großer Freude begrüßt. Besonders leckeren Pickert ergab die Sorte „Frühe Rosenkartoffeln". Da eine ziemliche Menge benötigt wurde, wählte man nur große Kartoffeln aus. In Lippe rührt der Name „Pickertkartoffeln" für große Knollen davon.

Himmel und Erde

- 1 kg mehlige Kartoffeln
- 1 kg feinsaure Äpfel
- 100 g Bauchspeck in Würfeln
- 2 Zwiebeln
- 1/2 l Wasser
- 1 TL Zucker
- 1 EL Zitronensaft
- 6 EL Öl
- 500 g Blutwurst in Scheiben

Die Kartoffeln kochen, schälen und zerstampfen. Die Äpfel schälen, entkernen, vierteln und mit Zucker und Zitronensaft im Wasser garen. Speck anrösten und mit den gewürfelten Zwiebeln im Öl glasig dünsten, die Hälfte der Speck-Zwiebel-Mischung zum Garnieren beiseite stellen. Den Kartoffelbrei mit der Apfelmasse und der restlichen Speck-Zwiebel-Mischung verrühren, die Blutwurstscheiben in Öl anbraten und auf die Kartoffelmasse legen, mit den restlichen Speckwürfeln und Zwiebeln garnieren

Reibeplätzchen

- 1 kg dicke Kartoffeln, vf
- 2 kleine Zwiebeln
- 1–2 EL Weizenmehl
- 3 Eier
- Salz
- Bratfett

Kartoffeln schälen, fein reiben, ebenso die Zwiebeln. Mit dem Mehl, den Eiern und Salz verrühren. Fett in der Pfanne erhitzen. Den Teig esslöffelweise hineingeben, flach drücken, von beiden Seiten knusprig braun braten. Wird sowohl herzhaft mit Zwiebeln, Schinkenscheiben oder Quark gegessen wie auch mit Apfelmus oder Rübenkraut oder elegant mit Lachschnitzeln.

Kartoffelgratin

- 1 kg Kartoffeln, vf, m
- 125 ml Sahne
- 1 Knoblauchzehe
- 30 g Butter
- Salz, Pfeffer, Muskatnuss

Eine flache feuerfeste Form mit Butter ausstreichen und mit der Knoblauchzehe einreiben. Kartoffeln roh schälen und in dünne Scheiben schneiden, fächerartig in die Form schichten. Sahne mit Salz, Pfeffer und Muskat würzen, über die Kartoffeln gießen, mit Butterflöckchen bestreuen. Im vorgeheizten Backofen bei 200 °C ca. 30 min backen. Das Gratin kann mit Käse, Brokkoli oder Möhren abgewandelt werden.

Spießkartoffeln mit Speck und Bohnensalat

- 1 kg fest kochende kleine Kartoffeln
- schmale Scheiben durchwachsener Speck
- 500 g grüne Bohnen
- 1 Bund Bohnenkraut
- 50 g Zwiebeln
- 300 g saure Sahne
- 3 EL Weißweinessig
- Weißer Pfeffer
- 1 Bund Schnittlauch
- Öl

Kartoffeln in Schale kochen und pellen, jede Kartoffel mit 2–3 Blättchen Bohnenkraut in eine halbe Speckscheibe wickeln, jeweils drei Kartoffeln auf einen Schaschlik-Spieß stecken. Die Spieße in der Pfanne in Öl bei mittlerer Hitze auf jeder Seite knusprig braten. Bohnen putzen und in feine Streifen schneiden, Bohnen 6 – 8 min in Salzwasser blanchieren, abschrecken und abtropfen lassen. Für die Salatsauce Zwiebeln würfeln, saure Sahne mit Essig, Salz und Pfeffer verrühren, Schnittlauch und Bohnenkraut schneiden und untermischen.

Moussaka

- 500 g Kartoffeln, vf
- 500 g Auberginen
- 500 g Fleischtomaten
- 500 g Hackfleisch
- 4 Zwiebeln
- 2 Knoblauchzehen
- 6 Eier
- 1/4 l Milch
- Olivenöl
- Kräuter der Provence, getrocknet
- Salz, Pfeffer

Kartoffeln waschen, schälen und in dünne Scheiben schneiden. Tomaten zum Häuten kurz in kochendes Wasser tauchen und die Haut abziehen. Die Auflaufform vorbereiten: mit Butter einfetten, Kartoffeln in die Auflaufform einschichten, für 15 min im Backofen angaren. In der Zeit das Hackfleisch mit Zwiebeln und Knoblauch anbraten, würzen. Auflaufform aus dem Ofen nehmen, Hackfleisch auf die Kartoffeln schichten, darüber die in Scheiben geschnittenen Tomaten geben, darauf die Auberginenscheiben schichten. Eier mit Milch verrühren, gut mit Salz, Pfeffer und getrockneten Kräutern würzen, über die Moussaka gießen und im Backofen bei 200 °C 50 min durchgaren. Evtl. noch kurz vor dem Servieren mit geriebenem Käse bestreuen. Lässt sich mit Zucchini/Tomaten, Brokkoli/Tomaten abwandeln.

Paprikakartoffeln mit Cabanossi

- 1,5 kg fest oder vorwiegend fest kochende Kartoffeln
- 500 g Zwiebeln
- 600 g Paprikaschoten, rot und grün
- 150 g durchwachsener Speck
- 4–5 Knoblauchzehen
- 2 TL Kümmel
- 40 g Schmalz
- 2 EL Paprikapulver, edelsüß
- 1 TL Paprikapulver, scharf
- 800 g Cabanossi
- 150 g Schmand
- 2 TL abgeriebene Zitronenschale

Zwiebeln putzen und in Spalten schneiden, Paprikaschoten putzen und in Spalten schneiden, Speck würfeln, Knoblauch pellen, fein schneiden oder durch die Knoblauchpresse pressen. Speck im Schmalz kräftig anbraten, bei reduzierter Hitze Paprikapulver zugeben, Kümmel, Knoblauch, Zwiebeln und Paprikaspalten zugeben, mit 1/8 l Wasser ablöschen, 15 – 20 min garen lassen. In der Zwischenzeit Kartoffeln mit Schale garen, pellen und der Länge nach vierteln. Die Cabanossi in kochendem Wasser erhitzen, Schmand, Zitronenschale und Kartoffelviertel unter das Paprika-Zwiebelgemüse mischen.

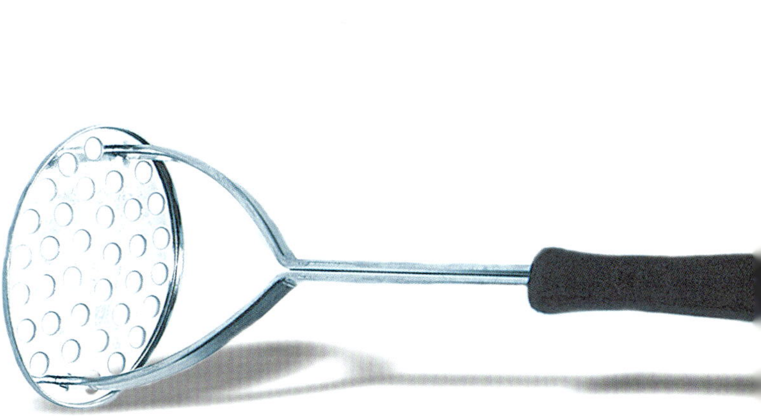

Kartoffelgulasch

- 800 g Kartoffeln f, vf
- 500 g Rindfleisch
- 150 g Zwiebeln
- 80 g Schmalz
- 15 g Paprikapulver, edelsüß
- 150 g frische Paprikaschoten
- 60 g Tomaten
- 100 g Sauerkraut
- Salz, Kümmel, Knoblauch

Fleisch in 2 cm große Würfel schneiden, Fleischwürfel im Schmalz scharf anbraten. Zwiebeln würfeln, zum Fleisch geben und goldgelb rösten. Den Gewürzpaprika, Knoblauch, Salz, Kümmel zugeben, wenig Wasser angießen und schmoren lassen. Kartoffeln, Paprikaschoten und Tomaten grob würfeln, zum Fleisch geben, das Sauerkraut zugeben, mit Fleischbrühe auffüllen und weitere 25 min köcheln lassen. Zum Servieren einen Löffel Crème fraîche auf die Suppe geben.

Kartoffel-Rosmarin-Pfanne

- 750 g neue, kleine Kartoffeln
- 5 Zweige frischer Rosmarin
- 2 Knoblauchzehen
- Öl
- Salz
- Pfeffer

Die kleinen frischen Kartoffeln gut mit einer Gemüsebürste abwaschen, das Olivenöl in der Pfanne erhitzen und die Kartoffeln mit Schale hineingeben. Die klein geschnittenen Knoblauchzehen zugeben und wenn die Kartoffeln fast gar sind, den klein gehackten Rosmarin, Salz, Pfeffer hinzugeben und gut umschwenken.

Pfälzer Majorankartoffeln

- 1,5 kg fest kochende oder vorwiegend fest kochende Kartoffeln
- 300 g durchwachsener Speck
- 1–2 Bund Majoran
- 50 g Schweineschmalz
- Salz, Schwarzer Pfeffer
- 1/8 l trockenen Weißwein

Kartoffeln schälen und in kleine Würfel schneiden. Speck ebenfalls fein würfeln. Majoranblätter von den Stielen zupfen. Schmalz in der Pfanne erhitzen, Speck- und Kartoffelwürfel im heißen Schmalz anbraten. Die Hälfte des Majorans dazugeben, salzen pfeffern. Nach beendeter Garzeit restlichen Majoran unterheben und mit dem Wein ablöschen.

Folienkartoffeln mit Füllung

- pro Person je 2 große, vorwiegend fest kochende Kartoffeln
- Alufolie

Die großen Kartoffeln können im Topf halb gar vorgekocht werden, dann Schale über Kreuz einschneiden, in Alufolie einwickeln und im Backofen bei 200 °C garen.

Beigaben:
- *Kräuterbutter* mit Knoblauch, Thymian, Salbei, Rosmarin, Salz, Pfeffer;
- *Curry-Quark* mit 1 kleinen zerdrückten Banane, 1 EL Curry, Salz, Pfeffer;
- *Lachscreme:* 2 Scheiben Räucherlachs in feine Streifen zerschneiden, mit 4 EL Crème fraîche und etwas Zitronensaft verrühren, mit Salz und Pfeffer würzen;
- *Blaue Käsecreme:* 50g Gorgonzola oder Roquefort mit 4 EL Crème fraîche und etwas Zitronensaft verrühren, mit Salz, Pfeffer, Salbei und Rosmarin würzen;
- *Tomaten-Cognac-Creme:* 4 EL Majonäse mit 1 TL Tomatenmark verrühren, etwas Cognac zugeben und mit Salz und Pfeffer würzen.

Kartoffelsalat Pariser Art

- 1 kg Kartoffeln, gelb- und blaufleischig
- Salz
- 1/4 l Weißwein (Riesling)

für die Vinaigrette:

- Meersalz
- Pfeffer
- 1 EL Weinessig
- 3 EL Öl
- 1 große Zwiebel
- 3 EL Kräutermischung aus Petersilie, Schnittlauch, Kerbel, Estragon

Die Kartoffeln (gut geeignet: Kipfler-Sorten und Fingerling-Sorten, „Vitelotte") mit Meersalz kochen, pellen und in Scheiben schneiden, mit Weißwein übergießen und zugedeckt warm stellen. Die Vinaigrette anrühren: Salz und Pfeffer mit Essig und Öl anrühren, Zwiebel klein schneiden, die Kräuter waschen und fein hacken. Die Vinaigrette über die lauwarmen Kartoffeln gießen und alles gut vermengen. Zum Schluss die feingehackten Kräuter darüber streuen.

Kartoffel-Heringssalat

- 500 g fest kochende Kartoffeln
- 2 Eier
- 1 Apfel
- 4 Matjesfilets
- 1 Zwiebel, rotschalig

für die Sauce:

- 1 Becher Jogurt
- 3 EL Majonäse
- Zitronensaft
- Salz, Pfeffer
- 1 Bund Schnittlauch

Kartoffeln garen, pellen, in feine Scheiben oder Stifte schneiden, Eier hart kochen, pellen und mit dem Apfel und der Zwiebel fein würfeln, Matjes in mundgerechte Stücke schneiden. Majonäse mit dem Jogurt verrühren und mit Salz, Pfeffer, Zitronensaft und Schnittlauch abschmecken. Die Sauce mit den vorbereiteten Zutaten mischen, zuletzt noch etwas Schnittlauch und Würfel der roten Zwiebel darüber streuen. Der Salat kann vorbereitet werden, damit er gut durchzieht.

Warmer Kartoffelsalat

- 1 kg fest kochende Kartoffeln, gelb- und blaufleischig
- 1 geriebene Zwiebel
- Essig
- Öl oder Speckwürfel
- Salz, Pfeffer
- 1 Prise Zucker

Kartoffeln kochen und schälen, heiß in dünne Scheiben schneiden. In einer Kasserolle die Gewürze, Öl, Essig und die Zwiebel in eine Kasserolle geben und erhitzen, Kartoffelscheiben hineingeben und durchschwenken. Der Salat muss sofort serviert werden. Er wird mit harten Eiern und eingelegten Roten Beten garniert. Das Öl kann durch angebratene Speckwürfel ersetzt werden.

Kartoffelklöße Thüringer Art

- 1,5 kg große Kartoffeln, vf
- 0,5 l Milch
- 120 g geröstete Semmelbrösel
- 50 g Butter
- Muskatnuss

1 kg der Kartoffeln schälen und mit der Küchenmaschine oder Kartoffelreibe roh reiben, leicht salzen und durch ein Leinentuch auspressen, bis sie sehr trocken sind. 500 g der Kartoffeln schälen und kochen, mit der Milch zu einem dünnen Kartoffelbrei verrühren. Die ausgedrückten rohen Kartoffeln in einer Schüssel zerbröseln, sodass keine Klumpen übrig bleiben. Den Kartoffelbrei kurz aufkochen und über die rohen Kartoffeln gießen, Masse gut verrühren. Von dieser Kloßmasse werden mit nassen Händen Klöße geformt, in die drei geröstete Semmelbrösel eingedrückt werden. Klöße in leicht siedendes gesalzenes Wasser gleiten lassen und 10–15 min garen. Die Klöße sind gar, wenn sie oben schwimmen und die Kartoffelfasern glasig aussehen.

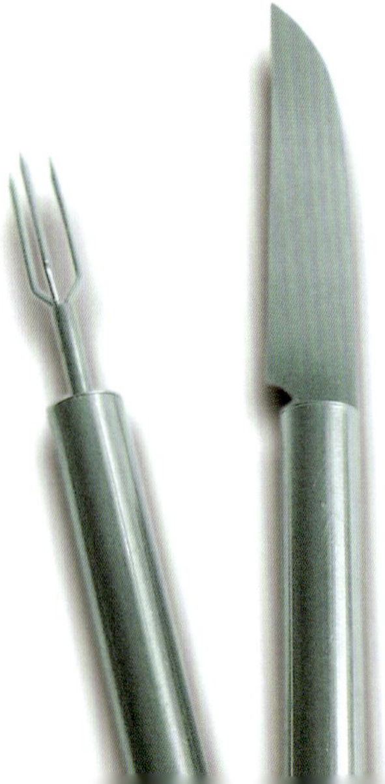

Gnocchi mit Sahne-Salbeisauce

- 1 kg mehlige Kartoffeln
- 1 Ei
- 200 g Maismehl
- Salz, Pfeffer

für die Sauce:

- 1 EL Butter
- 1 Knoblauchzehe
- 3 frische Salbeiblätter
- 1 EL Mehl
- 2 EL klare Brühe oder halbtrockenen Weißwein
- 250 ml süße Sahne
- 200 ml Milch
- 1/2 TL Rosmarinnadeln
- Salz, Pfeffer

Für die Gnocchi können im Frühjahr die alten Kartoffeln verwendet werden, die nicht mehr so ansehnlich sind. Kartoffeln waschen und weich kochen, pellen und heiß durch die Kartoffelpresse drücken. Die Kartoffelmasse mit Ei und Mehl verkneten, sodass ein saftiger, gut formbarer Teig entsteht, mit Salz und Pfeffer abschmecken. Mit feuchten Händen kleine Klößchen formen, diese mit der Gabel auf der Seite leicht flachdrücken, portionsweise in einen Topf mit kochendem Salzwasser geben, etwa 10 min kochen lassen Die Gnocchi sind gar, wenn sie an die Wasseroberfläche steigen, abschöpfen und abtropfen lassen. Sie können so portionsweise eingefroren werden.
Für die Sauce die Butter erhitzen, Knoblauch hineinpressen, die Salbeiblätter hinzugeben, Mehl einstreuen, mit Brühe oder Wein ablöschen, Sahne Milch und Rosmarin zugeben, ca. 10 min im offenen Topf 2/3 einkochen lassen. Salbeiblätter entfernen, mit Salz und Pfeffer abschmecken. Gnocchi schmecken auch mit anderen Saucen.

Kartoffelbrot

- 500 g Kartoffeln vf
- 500 g Weizen-Vollkornmehl
- 40 g Frischhefe
- 2 EL lauwarme Milch
- 200 ml Milch
- 200 ml Wasser
- 1 Prise Salz
- 3 EL Butter

Kartoffeln kochen, schälen, abkühlen lassen und fein reiben. Hefe in lauwarmer Milch auflösen, mit dem Wasser und der Milch glatt rühren, mit den Kartoffeln und Mehl zu einem Teig verarbeiten. Den Teig 1,5 Stunden gehen lassen, danach durchkneten und in eine Kastenform geben oder einen Brotlaib daraus formen, noch einmal 40 min gehen lassen, dann 60 min bei 225 °C im vorgeheizten Backofen backen

Kartoffel-Milchbrötchen

- 250 g Mehl
- 125 g gekochte, geriebene Kartoffeln (vf, m)
- 10 g Butter
- 1 Würfel Hefe
- 1 Tasse Milch

Aus Mehl, Milch, einer Prise Salz und Hefe einen Teig kneten, 1 Stunde gehen lassen, dann die geriebenen Kartoffeln und die weiche Butter darunter heben und gut verkneten. Brötchen aus dem Teig formen, kreuzweise einschneiden und auf ein mit Wasser bestrichenes Backblech setzten und noch einmal 20 min aufgehen lassen. Bei 220 °C backen, bis sie schön braun und knusprig sind. Für süße Brötchen 100 g Zucker zum Teig geben.

Kartoffelwaffeln, herzhaft

- 1 kg gekochte Kartoffeln, mehlig
- 250 g Margarine
- 4 Zwiebeln
- 5 Eier
- 1/4 l Altbier (oder Milch)
- 400 g Mehl
- 1/2 Tüte Backpulver
- 1 Pr. Salz

Aus den Zutaten einen Waffelteig herstellen. Die Kartoffeln kochen, schälen und durch eine Kartoffelpresse pressen, unter den Teig mischen. Zwiebeln klein würfeln und unter den Teig mischen. Im Waffeleisen ausbacken.

Kartoffel-Brotaufstrich

- 500 g Kartoffeln, m
- 500 g Gelierzucker
- 1/4 l Apfelsaft
- Saft einer Zitrone

Kartoffeln waschen, kochen, warm abpellen und durch eine Kartoffelpresse geben. Den Apfel- und Zitronensaft einrühren und den Gelierzucker unterrühren. Unter ständigem Rühren erwärmen und knapp 4 min wie eine Marmelade kochen, warm in Gläser abfüllen. Versuchen Sie die Zubereitung des Brotaufstrichs mit den buntfleischigen blauen und roten Knollen!

Firmenadressen

Bioland Bauernhof
Karsten Ellenberg
Ebstorfer Str. 1
29576 Barum
Tel.: (0 58 06) 3 04
Fax: (0 58 06) 12 50
www.kartoffelvielfalt.de
- *Speisekartoffeln alter Sorten*

Dreschflegel
Föckinghauser Weg 9
49324 Melle
Tel.: (0 54 22) 89 94
Fax: (0 54 22) 87 64
- *Sämereien aus biologischem Anbau, alte Kulturpflanzen*

Naturwuchs
Bardenhorst 15
33739 Bielefeld
Tel.: (05 21) 9 88 17 78
Fax: (05 21) 9 88 17 79
www.naturwuchs.de
- *Staudengärtnerei mit Angebot an Pflanzkartoffeln alter Sorten, Topinambur*

Vereine und Institute

Centro Internazionale
Crocevia
Via Ferraironi 88
00172 Rom, Italien

Conservatoire de Ressources Génétiques végétales
Leon Dutrilleux
1 rue Fievez
1470 Genappe, Belgien

Danish Seed Savers Society
Lila Towle
Sandholmvej 4
3450 Allerod, Dänemark

Henry Doubleday Research Association (HDRA)
Ryton Organic Gardens
Ryton-on-Dunsmore
CV8 3LG Coventry,
Großbritannien

Institut für Pflanzengenetik und Kulturpflanzenforschung Gatersleben
Genbank Außenstelle Nord
18190 Groß Lüsewitz

Irish Genetic Resources Conservation Trust
c/o Botany Dpt.
Trinity College,
Lincoln Place,
Dublin 2-BT 18 0EU, Irland

Pro Specie Rara
Engelgasse 12a
9000 St. Gallen
Schweiz

Seed Savers Exchange
3076 North Winn Road
Decorah
IA 52101, USA

Slow Food Deutschland e.V.
Geiststr. 81
48151 Münster
Tel.: (02 51) 79 33 68
Fax: (02 51) 79 33 66
www.slowfood.de

Verein zur Erhaltung der Nutzpflanzenvielfalt (VEN) e.V.
Ursula Reinhard
Sandbachstr. 5
38162 Schandelah
www.nutzpflanzenvielfalt.de

Verein zur Erhaltung und Rekultivierung von Nutzpflanzen in Brandenburg e.V. (VERN)
Burgstraße 20
16278 Greiffenberg

Verein Arche Noah
Obere Straße 40
3553 Schiltern, Österreich
Tel.: 00 43-(27 34) 86 26
Fax: 00 43-(27 34) 86 27

Museen und Märkte

Das Kartoffelmuseum
Stiftung Otto Eckart
Grafinger Str. 2
81671 München
- *geöffnet Di.–Do. nach Vereinbarung, Fr. 9–18 Uhr, Sa. 11–17 Uhr, Eintritt frei*
- *Gemälde, Kuriositäten und Wissenswertes rund um die Kartoffel; das privat finanzierte Museum ist eine Stiftung des Pfanni-Chefs Otto Eckart*

Deutsches Kartoffelmuseum Fußgönheim e.V.
Hauptstr. 65
67136 Fußgönheim
Tel.: (0 62 37) 92 92 66
www.deutsches-kartoffelmuseum.de
- *geöffnet am 2. Sonntag im Monat 13–18 Uhr*

Thüringer Kloßmuseum Heichelheim
Historisches rund um Kloß und Kartoffel
Hauptstr. 3
99439 Heichelheim, Thüringen
Tel.: (0 36 43) 90 00-15
www.klossmuseum.de
- *geöffnet Di.–So. 11–16 Uhr*

Museumsdorf Cloppenburg
Niedersächsisches Freilichtmuseum
49643 Cloppenburg
www.museumsdorf.de
- *Sammlung von Maschinen und Geräten zum Kartoffelanbau*

Deutsches Landwirtschaftsmuseum
Garbenstr. 9 + 9a
70599 Stuttgart-Hohenheim
www.deutsches-landwirtschaftsmuseum.de
- *Sammlung landwirtschaftlicher Geräte*

Museumshof Lensahn e.V.
Prienfeldhof
23738 Lensahn
www.museumshof-lensahn.de
- *Sammlung von historischen Landmaschinen, Traktoren, Geräte für den Kartoffelanbau und andere landwirtschaftliche Kulturen*

Heichelheimer Kartoffelfest
an der Heichelheimer Windmühle bei Weimar/Thüringen, mit Attraktionen rund um die Thüringer Kloßkartoffel, Thüringer Spezialitäten und Zünfte; Veranstalter: THÜKA e.V., Förderverein Heichelheimer Kartoffel e.V.

Piumer Kartoffelmarkt
traditionelles Stadtfest mit der Kartoffel, am 3. Wochenende im September, Verkehrsverein Borgholzhausen

Pekermarkt in Uslar
traditionelles Stadtfest zur Kartoffelernte Anfang September, Auskunft bei Touristik-Information
Mühlentor 1
37170 Uslar
Tel.: (0 55 71) 22 40
Fax: (0 55 71) 92 24 22
www.uslarer-land.de

„Tag der Kulturpflanze"
Veranstaltung des VEN, jährlich im September/Oktober, wechselnde Veranstaltungsorte, meist mit Schwerpunktthema einer alten Kulturpflanze, grüner Markt und Vortragsveranstaltung, Info beim VEN

Literatur

AID e.V. Bonn
Mehrere Heftchen zum Thema Kartoffeln.

Appel, Prof. Dr. Otto (1927) Kartoffelkrankheiten.
1. Teil Knollenkrankheiten.
Pareys Taschenatlanten. 2. Auflage, Berlin.

Appel, Prof. Dr. Otto (1937): Kartoffelkrankheiten.
2. Teil Staudenkrankheiten
Pareys Taschenatlanten. 2. Auflage, Berlin.

Ashworth, Suzanne (1993): Saatgutgewinnung im Hausgarten.
Eigenverlag Arche Noah, Krems.

Aus den Anden auf die Geest.
Die lange Reise der Kartoffel von America nach Europa.
Kataloge der Museen in Schleswig-Holstein, Bd. 11.

Behrendt, L. und J. Stumpf (2001): Leckereien aus der Kartoffelkiste.
Landbuch Verlag, Hannover.

Brücher, H. (1975): Zur Domestikation und Migration von Solanum tuberosum L.
Die Kulturpflanze 23, 11–74.

Brücher, H. (1982): Die sieben Säulen der Welternährung.
Verlag W. Kramer, Frankfurt.

Buckow, Wiebke (2001): Kartoffeln. Anleitung zum Umgang mit einer Delikatesse.
Europäische Verlagsanstalt, Hamburg.

Bundessortenamt
Beschreibende Sortenliste Kartoffeln.
Bezug durch: Landbuch-Verlag, Postfach 160, 30001 Hannover, erscheint jährlich neu.

Cieza de León, Pedro de (1553)
La Chrónica del Perú. Seville. Englische Übersetzung durch Sir Clements R. Markham.
Hakluyt Society 33 und 68, 1864 und 1883, London.

Dahnert, S. (1956): Zur Systematik von Solanum tuberosum.
Die Kulturpflanze 4, 83–129.

Fischer-Nagel, H. und A. (1995): Kartoffel hin, Kartoffel her.
Eine Pflanze erobert die Welt.
Kinderbuch Verlag, Luzern.

Flitner, M. (1995): Sammler, Räuber und Gelehrte.
Campus Verlag, Frankfurt.

Grubb, E.H. und W.S. Guilford (1912): The Potato. A compilation of information from every available source.
Doubleday, Page & Company, New York.

Hamester, Walter und Uwe Hils (Hrsg.) (1999): World catalogue of potato varieties.
AgriMedia Verlag, Bergen/Damme.

Hawkes, J.G. (1990): The potato. Evolution, biodiversity & genetic resources.
Belhaven Press, London.

Häußler, Theodor (1993): Erdäpfelpfalz. Das große Kartoffelbuch aus der Oberpfalz.
Buchverlag der Mittelbayerischen Zeitung, Regensburg.

Herrmann, K. (1985): Pflügen, Säen, Ernten. Landarbeit und Landtechnik in der Geschichte.
Rowohlt Taschenbuch 7722, Hamburg.

Horbelt, Rainer und Sonja Spindler (2000):
Tante Linas Nachkriegsküche. Kochrezepte, Erlebnisse, Dokumente.
Bechtermünz Verlag.

Kappert, Hans und Wilhelm Rudorf (1958): Handbuch der Pflanzenzüchtung. Bd. 3.
Parey, Hamburg.

Kosler, Barbara (1999):
Kartoffel. Kultur. Mythos. Gesundheit. Rezepte.
Umschau/Braus Verlag.

Kreuter, Marie-Luise (1995):
Pflanzenschutz im Biogarten. 3. Aufl.,
BLV Verlagsgesellschaft mbH, München, Wien, Zürich.

Nagel, Josephine (ohne Jahr):
Die Kartoffelküche in der Kriegszeit. Flugschriften zur Volksernährung Heft 12,
Verlag der Zentral-Einkaufsgesellschaft m.b.H., Berlin.

Ottenjahn, H. und K-H. Ziessow (Hrsg.) (1992):
Die Kartoffel. Geschichte und Zukunft einer Kulturpflanze. Band 1 der Reihe Arbeit und Leben auf dem Lande. Eine kulturwissenschaftliche Schriftenreihe herausgegeben im Auftrag der Stiftung Museumsdorf Cloppenburg.

Philipps, Roger und Martyn Rix (1994): Gemüse in Garten und Natur.
Droemer und Knaur, München.

Poma de Ayala, Felipe Guaman (1936):
Nueva crónica y buen gobierno. Herausgegeben und publiziert von P. Rivet (1936)
Traveaux et Mémoires de l'Institut d'Ethnologie 23, Paris.

Putsche, K.W.E. (1819):
Versuch einer Monographie der Kartoffeln oder ausführliche Beschreibung der Kartoffeln, nach ihrer Geschichte, Charakteristik, Kultur und Anwendung in Teutschland.
(Hrsg. von Dr. Friedrich Justin Bertuch), Weimar.

Robuchon, Joel (1995):
Kartoffel Zaubereien.
100 einfache und raffinierte Rezepte vom „Koch des Jahrhunderts".
Wilhelm Heyne Verlag GmbH & Co. KG, München.

Rothacker, Dr. Dietrich (ohne Jahr): Zur Geschichte und Bedeutung der Kartoffel in Europa – Ein Geschenk der Neuen Welt. Katalog der OÖ.
Landesmuseums, Neue Folge Nr. 61, S. 213–252.

Rutz, Hans Walter (Hrsg.) (1998): Sorten- und Saatgut-Recht. 8. Auflage,
AgriMedia Verlag, Bergen.

Safford, W. (1925):
The potato of romance and reality.
Journal of heredity 16, 113.

Salaman, Redcliffe (1949):
The history and social influence of the potato.
Cambridge University Press, reprinted 1970.

Schick, R. und M. Klinkowski (1961): Die Kartoffel.
Ein Handbuch.
VEB Deutscher Landwirtschaftsverlag, Berlin.

Schuhmann, P. (Hrsg.) (1997): Die Erzeugung von Pflanzkartoffeln.
AgriMedia Verlag, Bergen.

Siebeneick, Dr. Hans (1948):
Unsere deutschen Kartoffelsorten. Ein kurzer Ratgeber für Jedermann mit Beiträgen über die wichtigsten Krankheiten, das Vorkeimen, die Verladung und die Überwinterung.
Landwirtschaftsverlag GmbH, Hiltrup bei Münster (Westf.).

Siebeneick, Dr. Hans und Dr. Elisabeth Höppner (1950): Kartoffelatlas. 1. Teil Deutsche Sorten. Mit Aquarellen von F.A. Wildt, Hannover. *Verlag die Kartoffelwirtschaft GmbH, Hamburg.*

Snell, Dr. Karl und Hans Gener (1948): Die zugelassenen deutschen Kartoffelsorten. Ihre Erkennung, Unterscheidung und wirtschaftliche Bewertung. *Verlag von Paul Parey, Berlin.*

Tante Sophies Kartoffelküche. Vollständig überarbeitete Ausgabe der 6. Auflage, Nürnberg 1880. *Reprint-Verlag, Leipzig.*

Touristik-Information Uslarer Land (1999) Kartoffel Rezepte aus dem Uslarer Land. *Touristik-Information Uslarer Land (Hrsg.) Mühlentor 1 37170 Uslar*

Völksen, Wilhelm (1964): Auf den Spuren der Kartoffel in Kunst und Literatur. *Verlag Th. Mann GmbH, Hildesheim*

Wilson, A. (1993): The story of the Potato through illustrated varieties. *England, Balding + Mansell, ISBN 0 9520973 1 1*

Zirfas, Jörg und Bettina Goffin (Hrsg.) (1998): Kartoffel. Eine kleine kulinarische Anthologie. *Reclam, Stuttgart.*

Die Beschreibungen der Sorten wurden aus historischer Literatur, Daten der Erhaltervereine und eigenen Erfahrungen zusammengetragen. Über ergänzende Daten/Beschreibungen würde sich die Autorin freuen.

Arbeitskalender

Januar/Februar	im Lager für die Pflanzung vorgesehene Knollen auf Fäulnis überprüfen, evtl. abkeimen, Anbauplanung für die kommende Saison, Pflanzenkataloge studieren, evtl. Pflanzgut bestellen
März	Pflanzknollen zum Vorkeimen ans Licht stellen, Bodenvorbereitung auf leichten Böden, evtl. reifen Kompost einarbeiten
April	in mildem Klima und mit Folienabdeckung pflanzen der Frühkartoffeln ab Anfang April möglich, Spätfröste beachten!
Mai	Ende April/Anfang Mai bei erwärmtem Boden ist Pflanzzeit, Spätfröste beachten! Ende Mai erstes Anhäufeln, Unkraut hacken, evtl. mineralische Kopfdüngung
Juni	je nach Größe der Stauden zweites Anhäufeln, Unkraut jäten, auf die ersten Kartoffelkäfer und Läuseflug achten, viröse Stauden aus dem Bestand entfernen, Anwendung stärkender Pflanzenbrühen
Juli	bei feuchtem Wetter Stauden auf Krautfäule kontrollieren, evtl. Bekämpfungsmaßnahmen durchführen, Frühsorten können ab Ende Juli staudenweise zum Verzehr geerntet werden
August	Krautziehen in Beständen für die Knollenvermehrung, oder Kraut abschneiden
September	Knollen auf Schalenfestigkeit prüfen, Ernte der mittelfrühen und mittelspäten Sorten, auf dem Beet abtrocknen lassen und vorsortieren, Besuch regionaler Kartoffel-Feste
Oktober	Ernte der späten Sorten, Sortieren und Einlagern der Ernte, Treff und Tausch mit anderen Liebhabern
November/Dezember	Kartoffelbeet für nächstes Jahr grobschollig umgraben, Stallmist untergraben, auf schweren Böden Dämme vorziehen, im Lager Knollen auf Fäulnis kontrollieren, Literatur-

Sorte	Kochtyp	Salzkartoffeln, Salate	Pellkartoffeln	Eintöpfe, Suppen	Bratkartoffeln, frittieren	Püree, Klöße, backen
Ackersegen	vf	•	•	•		•
Allerfrüheste Gelbe	f	•	•		•	
Aquila	m		•	•		•
Arran Victory	m		•	•		•
Aula	m		•	•		•
Axilia	vf	•	•	•	•	
Bamberger Hörnle	f	•	•		•	
Berlichingen	vf	•		•	•	
B. F. 15	f	•	•		•	
Bintje	f	•		•	•	
Blaue Ajanhuiri	mf	•	•			
Bona	vf	•	•	•	•	
Bonnote de Noirmoutier	vf	•	•			
Condea	f	•	•	•	•	
Congo	m	•	•			
Cusoi	?					
Dän. Spargelkartoffel	f	•	•		•	
Desiree	vf	•	•	•		
Early Rose	m		•	•		•
Edzell Blue	m		•	•		•
Eigenheimer	m		•	•		•
Färberkartoffel	m		•			
Flava	vf	•	•	•	•	
Fransen	m		•	•		•
Golden Wonder	m		•	•		•
Grata	vf	•	•	•		
Hansa	f	•	•		•	
Heideniere	f	•	•			
Industrie	vf			•		
Institut de Beauvaix	m		•	•		•
Jersey Royals	f	•	•			
Jubel	vf	•	•	•	•	
Kepplestone-Kidney	f	•	•		•	
Kerkauer Kipfler	f	•	•			
Kerr's Pink	m			•		•
King Edward VII	vf	•	•	•	•	

f = fest kochend
m = mehlig
vf = vorwiegend fest kochend

Sorte	Kochtyp	Salzkartoffeln, Salate	Pellkartoffeln	Eintöpfe, Suppen	Bratkartoffeln, frittieren	Püree, Klöße, backen
La Ratte d'Ardeche	f	•	•			
Linzer Delikatess	f	•	•	•	•	
Linzer Blaue	m		•			
Linzer Rose	vf	•	•	•	•	
Long Blue	m		•			•
Mary Mitchel's Purple Baker	m		•			
Mehlige Mühlviertler	m			•		•
Naglerner Kipfler	f	•	•			
Odenwälder Blaue	m		•	•		•
Ora	m		•	•		•
Ostbote	m		•	•		•
Parnassia	m		•	•		
Paterson's Victoria	vf		•			
Pentland Beauty	vf		•	•		
Piroschka	f	•	•		•	
Pompadour	f	•	•			
Red Cardinal	m		•			
Reichskanzler	m		•	•		•
Rode Eersteling	vf		•	•	•	•
Rotkehlchen	vf		•	•	•	•
Rosa Tannenzapfen	f	•	•			
Rosara	vf	•	•		•	
Roseval	vf	•	•		•	
Schwarz-Blaue aus dem Frankenwald	m		•	•		•
Shetland Black	m		•	•		•
Sieglinde	f	•	•		•	
Skerry Blue	vf		•	•	•	
Up to Date	vf	•	•			
Violette d'Auvergne	m		•	•		•
Vitelotte	mf	•	•			
Weinberger Schloßkipfler	f	•	•			
Wohltmann	m			•		•
Zwiebler	m		•	•		•

f = fest kochend
m = mehlig
vf = vorwiegend fest kochend

Die Autorin

Dr. Heidi Lorey, Jahrgang 1961, geboren in Unna-Massen, aufgewachsen in einer Bergarbeiter-Siedlung mit viel Gemüseland hinter
dem Haus. Nach dem Abitur Lehre im Zierpflanzenbau, danach Gartenbau-Studium an der Universität Hannover, Promotion im Fach Pflanzenzüchtung, ein Jahr Forschung und Lehre an der Martin-Luther-Universität Halle/Saale. Die Autorin lebt heute mit der Familie in Steinhagen/Westfalen und arbeitet für eine Staudengärtnerei. Sie beschäftigt sich seit sieben
Jahren mit der Geschichte sowie dem Anbau von Kartoffeln und sammelt alte Sorten, ist seit 1996 Mitglied der Arche Noah, seit 1999 im Verein zur Erhaltung der Nutzpflanzenvielfalt (VEN) für die Erhaltung alter Kartoffelsorten aktiv. Sie hat in Gartenzeitschriften zahlreiche Artikel über die Kulturgeschichte der Kartoffel und alte Sorten veröffentlicht, hält Vorträge und präsentiert auf Gartenmärkten die Vielfalt der tollen Knollen.

Wir danken der CMA, dem Biolandhof Ellenberg, Herrn Christoph Schauer, Herrn Thomas Reichelt und Herrn Edgar A. Aaldijk für die Bereitstellung von Bildern der Kartoffelsorten.

LV·Buch im Landwirtschaftsverlag GmbH, 48084 Münster
4. Auflage 2011

Gestaltung: high standArt, Münster
Korrektorat: Dorothea Raspe, Münster
Druck: LV.Druck GmbH & Co. KG, Münster

Printed in Germany
ISBN 978-3-7843-3150-8